スポーツサイエンスフォーラム 編

健康・スポーツ科学の基礎知識
第4版

二杉 茂

西脇 満

菊本智之

津田真一郎

小林義樹

上谷聡子

灘 英世

著

道和書院

はしがき

　健康を守り，増進させる，さらに不健康な状態を改善して健康を獲得する。これらを実現するためには何よりも健全な食生活と適度な運動が必要である。このどちらが欠けても，健康な心身を維持できないということになる。

　現代の食生活においては，意識してカロリー計算を行い，何を食べているのか，またどれだけの量を食べているのかを把握することが必要となる。つまり普通に意識せずに何気なく食事をしていると，カロリー過多，栄養のかたよりなどがすぐに起きてしまうのである。日本では路上生活者でさえも，健康診断を行うと糖尿病にかかっている人が結構いるという話もある。しかしその一方で普段の食生活では，特に意識しなければ健康の維持に必要なビタミンやミネラル，食物繊維などが十分に摂取できないとも言われている。要するに現在の日本は，肥満でありながら栄養不足という，まさに飽食と栄養失調が同居するような異常な状況に陥りやすい社会だといえる。

　最近は多くの人が健康を獲得するために金を払って運動を行っている。様々な機器や設備がそろい，時にはインストラクターがアドバイスしてくれるような施設に行けば，1人で行うよりは楽しく効果的に，安全に運動ができるからである。逆にいえば，1人だとつまらないとか，あるいはすぐに効果が現れないとかいった理由で長続きせず，健康の維持増進に失敗することが多いということだろう。また運動を1人で行った場合，予備知識や準備の不足により，身体に負担をかけ過ぎたり不適切な運動を行ってしまいやすいという問題もある。その結果，本来は健康を獲得するはずの運動によって，逆に健康を害してしまうことになる。

　結論的に言えば，現代生活では食生活においても，また運動においても，意識するべきことや知っておくべき事柄が少なからず存在するということになる。すなわち健康を維持・増進していくには，単なる習慣や固定観念，俗説などに頼るのではなく，これまで研究され，ある程度明らかにされてきた知識・知見を基に食生活や運動を行うことが必要になるであろう。

　本書はそのような考えのもとに，若い方々や，スポーツや健康科学に特別な専門知識のない一般の方々のために，健康を獲得するために知っておいたほうが良いと思われる内容をまとめ，気軽に読めるように平易な文体で執筆された。もともとは大学でのテキストとして構想されたが，スポーツや健康科学コースのある高校や専門学校などでも広く活用できるよう編纂されている。

　全体の構成は，「基礎編」「理論編」「実践編」と大きく3つに分かれている。それぞれを，たとえば「健康やスポーツをとりまく今の日本社会の現状」，「スポーツ科学や健康科学などの分野でこれまでに研究されてきた内容」，「実際の活動に必要な準備」などと解釈してもよいかもしれないが，いずれにしても，特定の内容や分野に偏ることなく，あるいは知識のみ，実践や経験のみに偏ることなく，どれもまんべんなく，幅広く学ぶことによって，誰もが実際の健康づくりに役立てることができるようにと願っている。

　特に，これからの社会を担っていく若い人たちには，自分の健康を守ることもさることながら，今後さらに高齢化が進む日本で，周りにいる多くの人たちの健康にも関心を持ってもらい，地域社会や，ひいては国全体が，健康でしあわせな生活を送ることができるよう貢献してもらいたい。もちろんこれは，この本の読者の方々全員に期待したいところである。

　ただこのように方針は明確だが，執筆者が複数であることから多少重複している個所も見受けられる。しかしそれはそれだけ重要な内容であるとご承知いただければ幸いと思っている。多くの読者の方々がこの本を，健康で文化的で，なおかつ幸せな生活を送る一助にしていただければ幸いである。

二杉　茂

Ⅱ　理 論 編

III 実 践 篇

I

基 礎 編

第1章　スポーツ・健康の概念

　近年わたしたちの生活はスポーツと切っても切り離せないものになっている。「見るスポーツ」という観点からすれば，主なスポーツの定期戦だけでもほぼ１年中何らかのスポーツで開催されており，プロ以外のアマチュアを含めると，常に何らかのスポーツ観戦を楽しむことができるようになっている（図1-1）。また一般のテレビ放送だけではなく，衛星放送やケーブルテレビなどには，１年中24時間スポーツを放映しているチャンネルもあるほどだ。

	4月	5月	6月	7月	8月	9月	10月	11月	12月	1月	2月	3月
プロ野球	▨	▨	▨	▨	▨	▨	▨					
Jリーグ（サッカー）	▨	▨	▨	▨	▨	▨	▨	▨	▨			▨
Bリーグ（バスケットボール）	▨	▨					▨	▨	▨	▨	▨	▨
Vリーグ（バレーボール）							▨	▨	▨	▨	▨	▨
トップリーグ（ラグビー）					▨	▨	▨	▨	▨	▨		

図1-1　主なスポーツのおおよその年間スケジュール（例）

　また，実際に自らスポーツを行う人たちも非常に多い。手軽に始められるウォーキングやジョギングから地域ごとの草野球チーム，サッカーやラグビーのクラブチーム，フィットネスクラブに通ってのレジスタンストレーニングや水泳など，参加の形態は非常に様々だ。しかし活動の場は数多く準備されているとはいっても，現代生活においては自分から進んでスポーツ活動などを通じて体を動かさなければ，普通に暮らすだけでは運動不足になってしまうのも現実だろう（第2章参照）。

　そのため現代人にとっては，スポーツや身体運動は単に見て楽しむものではなく，健康を守って幸せな生活を送るために不可欠のものになっているといっても過言ではないのである。

1　スポーツの定義

　ここで，スポーツとは一体何かということについて考えてみよう。日本語のスポーツという言葉は英語の "Sport" から来たものだが，この "Sport" を辞書で調べてみると，われわれが一般に使う運動競技としてのスポーツとしての意味以外に「気晴らし」「趣味」「楽しみ」「賭け事」「冗談」「戯れ」といった意味を含む言葉でもあることがわかる。本来はフランス語の "deportare" つまり「遊ぶ，楽しむ」といった意味の言葉が語源となっているのだが，やがて英国で，今日の運動競技のような意味をもつようになったと思われる。

　実際われわれが日常で使う「スポーツ」という言葉の語感としては，ある一定のルールや施設などが定められた「競技スポーツ」以外にも，「野外スポーツ」つまり「サイクリング」「野外キャンプ」「ハイキング」などもスポーツであり，また競争を伴わない「ジョギング」や「ウォーキング」なども，市民スポーツや生涯スポーツなどと呼ばれていたりする。つまり，体を動かしながら楽しむ活動全般が広く「スポーツ」と呼ばれる傾向があるのが実態のように思われる。まさに本来の意味である「気晴らし」といった意味を持つ言葉として，定着しつつあるのかもしれない。

　しかし，単純に「気晴らし」ならば，あえて体を動かす必要のない「囲碁」や「将棋」，「読書」などの知的活動も気晴らしの範疇に入れることができるだろう。もちろん "Sport" という言葉には本来「趣味」といった意味も含まれているようだが，しかし，われわれが念頭に置くスポーツとはやや離れたものになるようだ。

　そこで本書では，「スポーツ」という言葉を競技的・競争的要素を備えた「競技スポーツ」はもちろん，「気晴らし」「趣味」「楽しみ」などの要素も備えつつ，さらには本書のもう1つのテーマである「健康」を目的とした身体運動全般を指す言葉として用いたいと思う。

2　文化としてのスポーツ

　ここで，最近のスポーツ界でのある種の話題を理解するために，スポーツの文化としての側面について少し言及しておく必要があるだろう。「文化」とは，辞書的な意味としては「人間が学習により社会から習得した生活の仕方の総称」となっている（岩波書店『広辞苑』第二版）。

　つまり，人間は赤ん坊として生まれてから一人前の社会構成員となるには，その社会における生活の仕方を学習によって習得しなければならない。人間はどのような文化圏に属していたとしても，その文化，つまり生活の仕方を習得しなければ人間とはなりえない。ドイツの哲学者であるカントが「人間は教育を受けてこそ人間である」といったのは，まさにこのことを示している。つまり人間は生まれおちてから成人となるまで，あるいはそれ以後においても多くの文化を習得しなければならないわけだが，われわれが今関心を持っているスポーツも，その文化に属するということである。

　スポーツも文化である以上，有形・無形を問わず一定のルールのようなものがあり，またそれ固有の身体技法がある。さらには個々のスポーツは，それ固有の価値観や考え方も内包しているだろう。

　最近の例でいえば，「横綱白鵬は強いだけで横綱としての品格を備えていない」といった議論はわかりやすい例かもしれない。日本の国技とされている相撲，そしてその最高位である横綱は，強いだけの存在ではなく，同時に品格も備えなければならないようだ。これはおそらく日本人固有の考え方であり，外国人には簡単に理解のできないことかもしれない。

　日本人固有という考え方からすれば，柔道の国際大会で使用されているブルー柔道着やウェイト制の問題もその1つだろう。日本は基本的に，ブルー柔道着やウェイト制を認めたくない（桐生他，2007，32頁）。しかし諸外国はブルー柔道着に賛同的だ。たしかにブルー柔道着もウェイト制も，柔道というスポーツにおいて，わかりやすく公平だ。しかし日本人は，わかりやすくて公平というだけでは納得しない。おそらく相撲と同じように，ただ強いだけでは良

しとしない，日本独特の考え方があるのだろう。ただそれについての説明を求められると，歴史とか伝統といった説明しかできず，なかなか諸外国を説得できないのも事実である。

　このように相撲や柔道だけではなく，そのスポーツ固有の価値観，考え方といったものは間違いなく存在する。佐藤（1991）はその点について，文化としてのスポーツには「価値意識」「ルール」「運動様式」の3つの構成契機が存在すると説明している。

図1-2　文化としてのスポーツの構成要素

　価値観という側面では，英国型スポーツと米国型スポーツが比較の対象となることが多い。英国型スポーツのサッカーやラグビーでは，最近は変わりつつあるが，基本的にはメンバーチェンジに寛容ではなく，競技大会や試合ごとに厳しく制限されている。一方米国型スポーツといわれる野球やアメリカン・フットボールなどでは，メンバーチェンジに基本的に制限はない。中村（1988，第1，2章）はこれについて，英国型スポーツは「社交の精神」の反映であり，米国型スポーツはメンバー交代を認めてでも白黒はっきりさせたい「勝利至上主義」の現れと説明している。そのような価値意識を基盤としてルールが定められ，そのルールに沿う形でそのスポーツごとの身体技法が生み出されてきたといえるかもしれない。この3つの構成契機は，必ずしもそれらが出現する順番が決まっているわけではないだろうが，価値観が基本となっているのは間違いないだろうと思われる。

　相撲や柔道の例ではっきりしたように，そのスポーツ種目固有の価値意識を前面に出すと，文化圏を異にする外国人には理解が難しくなる。逆に，その価値意識を前面に出さず，文化圏に関係なくルールを単純化すれば，ある国や民族に固有のスポーツであっても世界中に広まるきっかけとなる。逆に本国では「あれは本当の○○ではない」といった不満がくすぶり続けるかもしれない。ここに日本の伝統スポーツの国際化におけるジレンマがある。

　ただ，人間は文化が定めた内容には従うが，基本的に文化そのものも人間が作り上げたものだ。したがってルールは関係者の合意さえあればいくらでも変更可能であり，スポーツも例外ではない。特に最近は，様々なレベル，年齢層に幅広くスポーツを普及させようとする試みが行われており，そのために実際の正式な競技よりも簡略化され単純化されたスポーツも，普及しつつある。以前からあるママさんバレーやストリートバスケット，フットサルやタグ・ラグビーはその典型的な事例だろう。これらは初心者であっても身体能力が低くても気軽に楽しめるという点で，スポーツを普及させる1つの方法として，非常に効果のあるものかもしれない。

　話を元にもどすと，われわれが健康のために，サッカーやラグビー，野球，アメリカン・フットボール，さらには相撲や柔道を楽しむとしても，その背後にある価値意識までは関心が及ばないことも多いだろう。スポーツを健康など他の目的のために便宜的に利用する，あるいはその時に楽しければよく，そこから幸福を感じればよいといった意識にこそ，固有の価値意識を超えた人間の普遍性が内在するのかもしれない。スポーツはまさにそのような，人間の普遍的欲求に十分に応え得るものなのだろう。

3　スポーツの分類

　さてスポーツの現場について考えた場合，実際にスポーツを行う人の年齢，性別，健康状態，体力レベル，技術レベル，生活環境，職業，趣味，考え方などは様々である。またスポーツを職業として行うのか，勝つためか，健康づくりのためか，社交のためか，リハビリのためか，単にやりたいからやるのか，などその目的も様々だ。そのようなスポーツを行う人の属性や目的などによって，スポーツを分類することができるだろう。もちろんスポーツそのものを競技形態などで分類することも可能だが，ここではスポーツを目的と対象者という観点で分けた沢井の分類を紹介したい。

　沢井はスポーツ・運動の目的を「競技力向上」「健康・体力づくり」「疾病予防・機能維持」「疾病治療・機能回復」の4つに分け，それぞれに対応する対

象者として「競技選手」「一般健常者」「半健康者・低体力者」「有疾患者・障害者・要介護者」と分類している（沢井，2006，3頁）。

表1-1　運動の目的と対象者の分類（沢井，2006）

目　的	スポーツの分類	対象者
競技力向上	競技スポーツ	競技選手
健康・体力作り	生涯スポーツ・健康スポーツ	一般健常者
疾病予防・機能維持	健康スポーツ	半健康者・低体力者
疾病治療・機能回復	運動療法・リハビリ	有疾患者・障害者・要介護者

　有疾患者・障害者・要介護者・年齢層で考えると，表1-1の分類で上に行くほど若年者の比率が大きくなり，下に行くほど高齢者の比率が大きくなるが，基本的にどの階層もあらゆる年齢層を含んでいる。

4　健康の定義

　健康とは何だろうか。従来のWHO（世界保健機関）憲章では，

"Health is a state of complete physical, mental and social well-being and not merely the absence of disease or infirmity."
「健康とは完全な肉体的，精神的及び社会的福祉の状態であり，単に疾病又は病弱の存在しないことではない。」

という定義がなされてきた（昭和26年官報掲載の訳。厚生労働省ホームページより）。これが，

"Health is a <u>dynamic</u> state of complete physical, mental, <u>spiritual</u> and social well-being and not merely the absence of disease or infirmity."
「健康とは完全な肉体的（physical），精神的（mental,spiritual），及び社会的（social）福祉のdynamicな状態であり，単に疾病又は病弱の存在しないことではない。」

と下線部を追加することが審議されたが，現時点では「現行の憲章は適切に機

能しており本件のみ早急に審議する必要性が他の案件に比べ低いなどの理由
で，健康の定義に係る前文の改正案を含めその他の憲章に係る改正案と共に一
括して，審議しないまま事務局長が見直しを続けていくこととされた。」（同上）

　いずれにしても WHO による定義では，健康とは，肉体的な健康と同時に
精神的・社会的にも良好な状態であるとされており，生活全般においての取り
組みを強調しているといえるだろう。

　とりわけ最近はうつ症状などの精神疾患が社会的に非常に問題となってお
り，肉体的機能においては問題がなかったとしても，精神的に問題があれば，
円滑な社会生活に問題が生じる例をわれわれは目の当たりにしている。逆に肉
体的なハンディキャップがあったとしても，自らの人生に意義と価値を見出
し，目標を定め，可能性をフルに発揮するべくそれぞれの分野で日夜励んでい
る人の話もよく耳にする。どちらが健康な人なのか，またなぜそうなのか，わ
れわれは自分なりの回答を見出すべく自問自答する必要がある。

5　人生における肉体的健康の意義づけ

　「健康は何よりも大事だ」という話をよく聞くが，健康であるというのは，
自らが人生において生きる価値と目的・目標を明確に見出した上で，その目的
を達成するために支障にならないだけでなく，さらにその目的・目標を達成す
るにあたっての活発な活動を支えるに足る，肉体的・精神的な状態をいうよう
に思われる。

　そのような意味でスポーツや身体運動に対しては，肉体的な機能の維持回復
や増進の効果だけを求めるのではなく，精神面での気分転換，仲間作りの効果
など，現代社会が必要とする多くを期待できることから，現代社会におけるス
ポーツ・身体運動の重要性はますます高まっているといえる。

　たとえで言えば，自らが定めた目的地に車で向かう場合，その車が高性能で
整備がよく行き届いていれば，早く効率的に目的地に到着できるだろうし，運
転すること自体も非常に楽しく精神的な喜びも得られるかもしれない。そのた
め車を常に良好な状態に保ち続けるのは重要なことだ。しかしもし車が故障し

たり，あるいは性能を十分に発揮できるほどに整備が行き届いていないとする。その原因は，自らが怠惰であったこともあるだろうし，不幸にも自分以外の外的な原因によって良好な状態を維持できなくなるケースもあるだろう。そのような場合は実際問題として目的地に到着するのにより多くの時間がかかるだろうし，運転していても精神的に非常にストレスを感じるかもしれない。

　人によっては，車が動きさえすれば，それだけでも感謝して幸せを感じることができる人もいるだろうし，車が動いても調子が悪いといって不満を感じ，結局は目的地へ行くこと自体を放棄する人もいるかもしれない。しかし車はあくまで道具であって，目的ではない。良好な状態を保つように整備するのも，あくまで目的を達成するためであって，車の良好な状態そのものが目的ではないのである。自分自身が車を目的と勘違いするか，あるいは手段であると認識してあくまで目的達成に邁進（まいしん）していくかは，その人の考え方1つにかかっているのである。

　また，車が良好な状態であっても，それだけで目的地に到達することはできない。出発する前に，どうすれば安全に，楽しく，効率的に目的地に到達できるかを考えて方向性を見出すのは自分自身だ。そのためには多くのことを学び，また社会的なルールも守らなければならない。つまり知的にも情的にも成熟し，倫理観・道徳観を確立した上ではじめて，高性能で良好な状態の車の価値を最大限に発揮できるのである。それなしに車の整備にばかりあけくれるのは，人生において何ら意味を見出せるものではない。若いときにはわかりにくいだろうが，年齢を重ねて肉体的に衰えてくると，はじめて車を動かす自分自身の精神性について反省し，省みざるをえなくなるのである。

　日本には文武両道という言葉がある。文にも武にも偏ってはならず，双方において若いときに鍛え，学び，成長を続けていかなければならないということだ。要は健康についての自分なりの意味づけも，あるいはスポーツや身体運動の価値も，それ自体に意義や価値があるのではなく，それに取り組むわれわれ自身の取り組み方，考え方，倫理観，学んだ知識などによって大きく変わってくるということを，明確に理解しておくべきということになるだろう。

第2章　現代人の生活と健康

　スポーツを見て楽しむだけでなく，自ら積極的に取り組み，健康を増進さ
せ，あるいは衰えた身体能力を回復し，仲間や家族と共に楽しむ。そのように
現代社会では自ら取り組むスポーツが広まっているといえる。本章ではそうし
た実際の状況を概観してみよう。

1　現代社会の生活と運動不足

　わたしたちの生活は，経済発展や科学技術の進歩などで以前に比べると非常
に便利になった。1日の生活を振り返ってみても，朝起きて食事をし，通勤・
通学，仕事・学業，帰宅など，どれをとっても肉体的にハードということは非
常に少なくなっている。仕事における肉体労働なども，機械が代わりにやって
くれることが多いだろう。そのことは図2-1の「産業別就業者数の推移（第一
次〜第三次産業）」からもわかる。1950年代までは，第一次産業といわれる農林

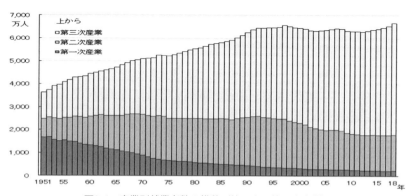

図2-1　産業別就業者数の推移（第一次〜第三次産業）
1951年〜2018年　年平均
（労働政策研究・研修機構ホームページより）

漁業従事者が全就業者数の半分を占めていたが，60年代以降に急激に減少しはじめ，2000年代に入ってからは5％前後で推移していることも，このことを立証しているだろう。

　このように日本では，交通機関の発達や産業構造の変化により，就業人口構成が変化し，一般国民の運動量が大きく減少したといわれている。つまり国民の多くが，日常生活における運動量が大きく減少したことから，意識して運動しなければ，必然的に運動不足となってしまうのである。

　ちなみに表2-1は，厚生労働省が日本人の栄養所要量を計算するために日常生活活動強度を区分したものである。日常生活強度は，「低い」「やや低い」「適度」「高い」の4段階に区分されており，現在，国民の大部分は生活活動強度Ⅱ（やや低い）に，該当する。生活活動強度Ⅲ（適度）は，健康人として望ましいエネルギー消費をして，活発な生活行動をしている場合であり，国民

表2-1　日常生活活動強度の区分（目安）

生活活動強度と指数 （基礎代謝量の倍数）	日常生活活動の例		日常生活の内容
	生活動作	時　間	
Ⅰ （低い） 1.3	安静 立つ 歩く 速歩 筋運動	12 11 1 0 0	散歩，買物など比較的ゆっくりした1時間程度の歩行のほか大部分は座位での読書，勉強，談話，また座位や横になってのテレビ，音楽鑑賞などをしている場合。
Ⅱ （やや低い） 1.5	安静 立つ 歩く 速歩 筋運動	10 9 5 0 0	通勤，仕事などで2時間程度の歩行や，乗車，接客，家事等立位での業務が比較的多いほか，大部分は座位での事務，談話などをしている場合。
Ⅲ （適　度） 1.7	安静 立つ 歩く 速歩 筋運動	9 8 6 1 0	生活活動強度Ⅱ（やや低い）の者が1日1時間程度は速歩やサイクリングなど比較的強い身体活動を行っている場合や，大部分は立位での作業であるが1時間程度は農作業，漁業などの比較的強い作業に従事している場合。
Ⅳ （高い） 1.9	安静 立つ 歩く 速歩 筋運動	9 8 5 1 1	1日のうち1時間程度は激しいトレーニングや木材の運搬，農繁期の農耕作業などのような強い作業に従事している場合。

（健康・栄養情報研究会，1999）

の望ましい目標とするものだという。しかしこの程度でも日常的に行っている
ひとはどの程度になるだろうか。

　表2-2は日常生活の動作強度の目安を表したものだが，これによると日常生
活で骨格筋を使う運動といえるものは階段の上り下り，布団の上げ下げ，雑巾
がけぐらいのものだ。しかしこれでも毎日やる人のほうがむしろ少ないのでは
ないだろうか。つまり現代人の生活は，特に自分から意識して体を動かさなけ
れば，必然的に運動不足とならざるを得ない状況にあるといえるのである。と
りわけ通勤・通学も自動車を利用して歩くことが少ない人たちは，日常生活で
運動といえるものをやる機会がない。これは特殊なケースではなく，わたした
ちの日常を振り返ってみればどこにでもみられる光景でもある。

　1961年にアメリカのハンス・クラウスとウィルヘルム・ラープという２人
の学者が，日常生活での活動量が少なくなることによって起こる病気のことを
「運動不足病」と名づけ，広く知られるようになった（クラウス＆ラープ，
1977）。彼らは，運動不足が主に肉体的・精神的ストレスとなって，身体的・
情緒的な問題を引きおこすと主張したのである。

　日本では平成８（1996）年に厚生大臣の諮問機関である公衆衛生審議会「成
人病難病対策部会」が，従来の「成人病」に代わる名称として「生活習慣病」
という用語を導入することを具申し，これにより「成人病」から「生活習慣
病」へと名称が変更された。これは何か特別な原因があって突然病気になると
いうのではなく，ふだんの良くない生活習慣から徐々に体中に広まる病気のこ
とを意味している。つまり特別な治療以前に，生活習慣を改善することによっ
て発病を抑えられると考えられたのである。

　運動不足による主な疾病としては，肥満，糖尿病，高脂血症などが代表的
で，さらに運動不足のまま年齢を重ねると，骨粗鬆症などにもかかりやすい
といわれている。運動不足の問題は，国や社会でいくら大がかりな啓蒙運動を
しても，結局は本人の自覚なしには解決のしようがない。運動不足を自覚して
いても，さしあたっては生活に何の支障もないことから，日常の忙しさや怠惰
によってついおろそかになってしまいがちである。歴史的にみても，運動をせ
ずに生活を営むことができた人というのは，一部の特権階級を除いて存在しな
かったはずである。そのため運動不足病というものが出現したこと自体が，人

表2-2　日常生活の動作強度の目安

日常生活活動の種類		動作強度
安静	睡眠。横になる。ゆったり座る（本などを読む，書く，テレビなどを見る）	1.0
立つ	談話（立位）	1.3
	料理，食事	1.4
	身支度，洗面，トイレ	1.5
	ミシンかけ	1.5
	趣味，娯楽（生花，楽器演奏など）	1.5
	車の運転	1.5
	机上事務（記帳，算盤，ワープロ，OA機器などの使用）	1.6
歩く	電車やバスなどの乗り物の中で立つ	2.0
	ゆっくり歩く	2.2
	洗濯（電気洗濯機）	2.2
	掃除（電気掃除機）	2.7
速歩	家庭菜園，草むしり	3.0
	バレーボール	3.0
	ボーリング	3.0
	ソフトボール（平均）	3.5
	野球（平均）	3.5
	自転車（普通の速さ）	3.6
	階段を下りる	4.0
	掃除（電気掃除機以外），雑巾かけ	4.5
	急ぎ足（通勤，買い物）	4.5
	布団の上げ下ろし	4.5
	布団を取り込む	5.9
	階段昇降	5.8
	キャッチボール	4.0
	ゴルフ	4.0
	ラジオ体操・テレビ体操	4.5
	ダンス（軽い）	4.0
	サイクリング（時速10）	4.4
	日本舞踊の踊り（秋田音頭など）	4.5

（次ページに続く）

第2章　現代人の生活と健康

日常生活活動の種類		動作強度
速歩	エアロビクス	5.0
	ハイキング（平地）	4.0
	ハイキング（山地）	5.5
筋運動	ダンス（活発な）	6.0
	卓球	6.0
	ゴルフ（丘陵）	6.0
	ボート，カヌー	6.0
	階段を上る	7.5
	テニス	7.0
	雪上スキー	7.0
	水上スキー	7.0
	バレーボール	7.0
	バドミントン	7.0
	ジョギング（120m/分）	7.0
	登山（登り）	9.0
	登山（下り）	6.0
	サッカー，ラグビー，バスケットボール	8.0
	スケート	8.0
	水泳（遠泳）	9.0
	平泳ぎ（50m）	11.0
	クロール（50m）	21.0
	縄跳び（65回/分）	9.0
	ジョギング（160m/分）	9.5
	筋力トレーニング（平均）	10.6
	腹筋運動	8.6
	ダンベル運動	12.5
	バーベル運動	9.7
	日本民謡の踊り（阿波踊りなど）	13.0
	ランニング（200m/分）	13.0

（健康・栄養情報研究会，前掲書）

類にとって有史以来経験したことのない状況に直面しているといえるのかもしれない。

2　高齢化の進展と健康対策

　厚生労働省が発表する「人口動態統計特殊報告」によると，日本の合計特殊出生率（1人の女性が一生に産む子供の数）は，終戦直後の第一次ベビーブームの頃は4.5以上の高い数値を記録していたが，1975年には2.0を割り，2005年には1.26の史上最低を記録した。現在は1.4を上回りやや回復傾向にあると期待されたが，令和3年（2021）は出生数が811,622人で過去最低，合計特殊出生率も1.3と前年（令和2年）の1.33よりも低下した。団塊ジュニア世代の高齢化が影響し，出生数は減少傾向が続いている。

　一方，平均寿命は，終戦直後の昭和22（1947）年には男50.06歳，女53.96歳だったが，令和3年（2021）年には男81.47歳，女87.57歳となり，男性はスイス（81.6歳），ノルウェー（81.59歳）に続いて世界3位。女性はこれまで1位だった香港が除外されたため1位となり，以下韓国（86.5歳），シンガポール（85.9歳）と続いた。

　出生率の低下と長寿は当然のことながら社会の高齢化をもたらす。生産年齢人口（15〜64歳）も低下の一途をたどり，2000年には68.1％だったのが2006年には65.7％，2050年には53.6％にまで落ち込むものと予想される一方で，65歳以上人口の割合は2000年には17.4％だったのが，2050年には35.7％にまで膨れ上がるものと予想されている。

　人口が減る状況で，高齢者の割合が増えるとすれば，高齢化の割合はその分さらに高まることになる。寿命が延びたとしても，活動できる年齢が高くなるわけではないことから，高齢化社会は必然的に非活動人口の増加をもたらし，病気になったり生活に他人の援助を必要としたりする人の割合も高くなる。これはすなわち，医療費や介護費用の急速な増加をもたらす結果となる。また高齢者は必然的に活動が少なくなることから，生活習慣病にかかる割合もそれだけ高くなる。

しかし，高齢化や病気のために介護が必要になったりすることは避けられないとしても，適度な運動や健康管理によりその発現を遅らせることはできるのである。つまり，高齢者であっても自ら活動ができ，生活に他人の援助を必要としない健康な人が増えれば，高齢化に伴う問題もそれだけ抑制できることになる。現在の医療・介護行政の方向性は，まさにこのような観点に立っているといえるのであり，さらに，高齢者になっても各自の社会的活動が可能な期間をできるだけ伸ばしていくことが，個人にとっても，あるいは社会や国全体にとっても望ましい状況といえるのである。

3　スポーツ・身体運動の必要性

近年の急速な高齢化の進展に伴い疾病構造も変化し，死亡原因に占める生活習慣病の割合が高まりつつあり，全体の6割を占めるまでになっている。令和3年（2021）における死因の上位3位は，がん26.5%，虚血性心疾患14.9%，老衰10.6%，脳血管疾患7.3%で3位の老衰を除けば生活習慣病が上位を占めていた。また医療費に占める生活習慣病の割合も，平成26（2014）年度で入院・入院外ともに全体の約3割を占め，医療保険にかかわる国民の負担も増加している。また，生活習慣病の重症化等の結果として，介護保険財政等にも影響を与える状況になっている（厚生労働省，2013）。生活習慣病の割合が高いということは，つまり生活習慣さえ改善すれば，これらの割合を大幅に抑えることができるという可能性を示唆しているのである。

1973年にカリフォルニア大学のブレスロー博士は，健康を守るための生活習慣として，①適正な睡眠時間（7～8時間），②喫煙しない，③適正体重の維持，④過度の飲酒をしない，⑤定期的にかなり激しい運動をする，⑥朝食を毎日取る，⑦間食をしない，という7つの健康習慣を提示した。これら7つの習慣を守っている人ほど病気にかかることなく，健康に長生きしているという。なかでも運動に関しては睡眠や飲酒などとはちがい，日常生活では特に気を使わないまま過ごしてしまいがちである。そのため，生活の中に適度な運動を取り入れ，生活習慣病から健康を守るための努力が，個人のレベルだけではな

く，広く社会において，あるいは国の次元でも求められている。国家的な次元
で国民の生活習慣を改善し，健康を維持する運動が広く行われているのである。

4　健康に向けた取り組み

　国における国民の健康づくり対策は表2-3の通りである。現在は，厚生労働
省による「健康日本21」（第二次）など，健康づくりや疾病予防対策が積極的
に推進されている。

　また，参考とする具体的な数値などの内容としては，表2-4のようなものが
ある。

　身体活動量が多い者や，運動をよく行っている者は，虚血性心疾患，高血
圧，糖尿病，肥満，骨粗鬆症，結腸がんなどの罹患率や死亡率が低いこと，ま
た，身体活動や運動が，メンタルヘルスや生活の質の改善に効果をもたらすこ
とが認められている。さらに高齢者においても，歩行など日常生活における身

表2-3　国による主な健康づくり対策

昭和53年（1978）	第一次国民健康づくり対策
昭和63年（1988）	第二次国民健康づくり対策（アクティブ80ヘルスプラン）
平成12年（2000）	21世紀における国民健康づくり運動（健康日本21）
平成14年（2002）	健康増進法
平成20年（2008）	健康日本21改定
平成25年（2013）	健康日本21（第2次）

表2-4　国が策定した運動の目安など

平成元年（1989）	健康づくりのための運動所要量
平成5年（1993）	健康づくりのための運動指針
平成9年（1997）	生涯を通じた健康づくりのための身体活動のあり方
平成18年（2006）	健康づくりのための運動指針2006
平成25年（2013）	健康づくりのための身体活動基準2013 健康日本21（第2次）

第2章　現代人の生活と健康

表2-5　「健康日本21」で掲げる身体活動・運動における目標（例）

１．日常生活における歩数の増加

目標項目	日常生活における歩数の増加
現状	20〜64歳：男性7,841歩，女性6,883歩 65歳以上：男性5,628歩，女性4,588歩（平成22年策定時）
目標	20〜64歳：男性9,000歩，女性8,500歩 65歳以上：男性7,000歩，女性6,000歩（令和４年）
データソース	厚生労働省「国民健康・栄養調査」

２．運動習慣者の割合の増加

目標項目	運動習慣者の割合の増加
現状	20〜64歳：男性26.3%，女性36% 65歳以上：男性47.6%，女性37.6%（平成22年策定時）
目標	20〜64歳：男性36%，女性33% 65歳以上：男性58%，女性48%（令和４年）
データソース	厚生労働省「国民健康・栄養調査」

（厚生労働省ホームページより）

体活動が，寝たきりや死亡を減少させる効果のあることが示されている。

　「健康日本21」ではそのような現状認識のもとに，「国民の身体活動や運動についての意識や態度を向上させ，身体活動量を増加させること」を目標として定めている（表2-5）。

5　スポーツ基本法と第３期スポーツ基本計画

　2011年に制定されたスポーツ基本法は，「スポーツを通じて幸福で豊かな生活を営むことは，全ての人々の権利」として，「スポーツ立国の実現」をその最大の使命としている。その実現を目指す指針と具体的な施策がスポーツ基本計画である。2022年３月に第３期スポーツ基本計画が策定され，今後のスポーツの在り方を見据え，令和４年度（2022年度）から令和８年度（2026年度）までの５年間で国等が取り組むべき，施策や目標等を定めた計画となっている。

　第２期スポーツ基本計画（2017-2022）の期間中は①新型コロナウイルス感

染拡大の影響でスポーツ活動が制限されたこと，②東京オリンピック・パラリンピックが１年延期され，原則無観客で開催されたこと，③その他の社会状況の変化から「人口減少や高齢化の進行」「地域間格差の広がり」「DX（デジタルトランスフォーメーション）など急速な技術革新」「ライフスタイルの変化」「持続可能な社会や共生社会への移行」などの出来事があった。これらによって改めて確認されたことが，①「楽しさ」「喜び」「自発性」に基づいて行われる本質的な「スポーツそのものが有する価値」（Well-being），②スポーツを通じた地域活性化，健康増進による健康長寿社会の実現，経済発展，国際理解の促進など「スポーツが社会活性化等に寄与する価値」の２点であった。第３期スポーツ基本計画においてはこれらの価値をさらに高めるため，次のような施策を展開することとした。

（１）東京オリンピック・パラリンピック大会のスポーツレガシーの継承・発展に資する重点施策

①東京大会の成果を一過性のものとしない持続可能な国際競技力の向上

　東京大会の成果を一過性のものとせず持続可能な国際競技力を向上させるために中央競技団体（NF）の強化戦略プランの実効化を支援し，またアスリート育成パスウェイの構築やスポーツ医・科学や情報等による支援の充実，地域の競技力向上を支える体制を構築するとしている。

②安全・安心に大規模大会を開催できる運営ノウハウの継承

　新型コロナウイルス感染症の影響下という困難な状況で，東京大会を実施したノウハウを，今後の大規模な国際競技大会の開催運営に継承・活用（スポーツのホスピタリティの向上に向けた取組等）し，さらにドーピング防止活動に係る人材やネットワーク等を有効活用することやボランティア等の「ささえる」人材を確保・養成する。

③東京大会を契機とした共生社会の実現や多様な主体によるスポーツ参画の促進

　東京大会による共生社会への理解・関心の高まりと，スポーツの機運向上を契機としてスポーツ参画を促進させ，またオリパラ教育の知見を活かしたアス

リートとの交流活動等を推進し，体力低下傾向の食い止めに向けた，総合的な体力向上策を実施する。

④東京大会で高まった地域住民等のスポーツへの関心の高まりを活かした地方創生・まちづくり

東京大会による地域住民等のスポーツへの関心の高まりを地方創生・まちづくりの取組に活かし，将来にわたって継続・定着させ，また国立競技場等スポーツ施設における地域のまちづくりと調和した取組を推進する。

⑤東京大会に向けて培われた官民ネットワーク等を活用した，スポーツを通じた国際交流・協力

東京大会に向け世界中の人々にスポーツの価値を届けたスポーツ・フォー・トゥモロー（SFT）事業で培われた官民ネットワークを活用し，更なる国際協力を展開，スポーツSDGsにも貢献する（ドーピング防止活動に係る人材・ネットワークの活用等）。

⑥東京大会の開催時に生じた，スポーツを実施する者の心身の安全・安心確保に関する課題を踏まえた取組の実施

東京大会でも課題となったアスリート等の心身の安全・安心を脅かす事態に対応するため「誹謗中傷や性的ハラスメントの防止」「熱中症対策の徹底など安全・安心の確保」「暴力根絶に向けた相談窓口の一層の周知・活用」などを行う。

（2）スポーツの価値を高めるための第３期計画の新たな「３つの視点」を支える施策

①スポーツを「つくる／はぐくむ」

社会の変化や状況に応じて，既存の仕組みにとらわれずに柔軟に見直し，最適な手法・ルールを考えて作り出す。
- 柔軟・適切な手法や仕組みの導入等を通した，多様な主体が参加できるスポーツの機会創出
- スポーツに取り組む者の自主性・自律性を促す指導ができる質の高いスポーツ指導者の育成
- デジタル技術を活用した新たなスポーツ機会や，新たなビジネスモデルの創出などDXを推進

②スポーツで「あつまり，ともに，つながる」

様々な立場・背景・特性を有した人・組織があつまり，ともに課題に対応し，つながりを感じてスポーツを行う。
- 施設・設備整備，プログラム提供，啓発活動により誰もが一緒にスポーツの価値を享受できる，スポーツを通じた共生社会の実現
- スポーツ団体のガバナンス・経営力強化，関係団体等の連携・協力による我が国のスポーツ体制の強化
- スポーツ分野の国際協力や魅力の発信

③スポーツに「誰もがアクセスできる」

性別や年齢，障害，経済・地域事情等の違い等によって，スポーツの取組に差が生じない社会を実現し，機運を醸成。
- 住民誰もが気軽にスポーツに親しめる「場づくり」等の機会の提供
- 居住地域にかかわらず，全国のアスリートがスポーツ医・科学等の支援を受けられるよう地域機関の連携強化
- 本人が望まない理由でスポーツを途中で諦めることがない継続的なアクセスの確保

（3）今後5年間に総合的かつ計画的に取り組む12の施策

①多様な主体におけるスポーツの機会創出
　　地域や学校における子供・若者のスポーツ機会の充実と体力向上，体育の授業の充実，運動部活動改革の推進，女性・障害者・働く世代・子育て世代のスポーツ実施率の向上等
②スポーツ界におけるDXの推進
　　先進技術を活用したスポーツ実施のあり方の拡大，デジタル技術を活用した新たなビジネスモデルの創出等
③国際競技力の向上
　　中長期の強化戦略に基づく競技力向上支援システムの確立，地域における競技力向上を支える体制の構築，国・JSPO（日本スポーツ協会）・地方公共団体が一体となった国民体育大会の開催等
④スポーツの国際交流・協力
　　国際スポーツ界への意思決定への参画支援，スポーツ産業の国際展開を促進するプラットフォームの検討等
⑤スポーツによる健康増進
　　健康増進に資するスポーツに関する研究の充実・調査研究成果の利用促進，医療・介護や企業・保険者との連携強化等
⑥スポーツの成長産業化
　　スタジアム・アリーナ整備の着実な推進，他産業とのオープンイノベーションによる新ビジネスモデルの創出支援等
⑦スポーツによる地方創生，まちづくり
　　武道やアウトドアスポーツ等のスポーツツーリズムの更なる推進など，スポーツに

よる地方創生，まちづくりの創出の全国での加速化等
⑧スポーツを通じた共生社会の実現
　　障害者や女性のスポーツの実施環境の整備，国内外のスポーツ団体の女性役員候補
者の登用・育成の支援，意識啓発・情報発信等
⑨スポーツ団体のガバナンス改革・経営力強化
　　ガバナンス・コンプライアンスに関する研修等の実施，スポーツ団体の戦略的経営
を行う人材の雇用創出を支援等
⑩スポーツ推進のためのハード，ソフト，人材
　　民間・大学も含めた地域スポーツ施設の有効活用の促進，地域スポーツコミッショ
ンなど地域連携組織の活用，全ＮＦでの人材育成及び活用に関する計画策定を促進，
女性のスポーツ指導に精通した指導者養成支援等
⑪スポーツを実施する者の安全・安心の確保
　　暴力や不適切な指導等の根絶に向けた指導者養成・研修の実施，スポーツ安全に係
る情報発信・安全対策の促進等
⑫スポーツ・インテグリティの確保
　　スポーツ団体へのガバナンスコードの普及促進，スポーツ仲裁・調停制度の理解増
進等の推進，教育研修や研究活動等を通じたドーピング防止活動の展開等

（４）「感動していただけるスポーツ界」の実現に向けた目標設定

　全ての人が自発的にスポーツに取り組むことで自己実現を図り，スポーツの
力で，前向きで活力ある社会と，絆の強い社会を目指すとした上で，下記のよ
うな目標設定が提示されている。

①国民のスポーツ実施率向上
- 成人の週１回以上のスポーツ実施率を70％（障害者は40％）
- １年に１度以上スポーツを実施する成人の割合を100％に近づける（障害者は70％を目指す）

②生涯にわたって運動・スポーツを継続したい子供の増加
- 児童86％ ⇒90％，生徒82％ ⇒90％

③子供の体力の向上
- 新体力テストの総合評価C以上の児童68％ ⇒80％，生徒75％ ⇒85％

④誰もがスポーツに参画でき，共に活動できる社会を実現
- 体育授業への参加を希望する障害のある児童生徒の見学ゼロを目指した学習プログラム開発
- スポーツ団体の女性理事の役割を40％

⑤オリンピック・パラリンピック等の国際競技大会で，過去最高水準の金メダル数，総メダル数，入賞者数，メダル獲得競技数等の実現

⑥スポーツを通じて活力ある社会を実現
- スポーツ市場規模15兆円の達成（2025年まで）
- スポーツ・健康まちづくりに取り組む地方公共団体の割合15.6％ ⇒40％

6　身体運動による健康寿命の延伸

　最近の研究では，高齢者にも適度のレジスタンストレーニングや有酸素運動が非常に有効であることが明らかになっている。専門家の指導のもとで適度な筋力活動を行うことにより，筋肥大や筋力向上，骨密度の増加などが顕著にみられることが，最近注目されている。ただし，十分な休息，栄養，事前の検査などが必要なので，自分勝手に行わないことが重要である。また，高齢者も運動を途中で休止すると急速に元の状態にもどってしまうのは若い世代と何ら変わりがない。ただ高齢者はもともとの身体能力が若い世代ほど高くはないことから，日常生活で歩く時間や距離を少し多くするとか，あるいは少しの運動でも，その効果は顕著に現れやすいのである。

　身体的な衰えで問題になるのは，結局，睡眠，食事，入浴，排便などといった基本的な活動も1人で行えなくなることにある。年齢を重ねることによって，誰もがいずれはこのようになる可能性があるのは否定できない。しかしふだんからのちょっとした運動や，自ら手足を動かす，歩くといった心がけひとつで，これらの基本的な活動さえもできなくなる時期を大幅に遅らせることができるのは，はっきりしている。そのため高齢者にも，単なる仲間づくりや気分転換といった次元だけではなく，切実な現実問題として，運動が大いに勧められるようになったのである。それは前述のように生活習慣病の予防にもつながり，介護費や医療費の抑制にも直結してくるのである。

　運動によって寿命が延びるかどうかは今のところはっきりとした結論は出ていないようだ（田口貞義・山地啓司，1998）。しかし運動による生活習慣病の予防効果ははっきりと認められることから，結果的に人生において人の手を借りず，みずから健康に過ごすことのできる時間を延ばす結果につながるということになる。これは高齢化社会において国の次元だけではなく，個人レベルでもしっかりと認識しておくべき事実だろう。

第3章　スポーツの文化とその歴史

1　歴史学的視点

　なぜ歴史を学ぶのか。昔のことを覚えて何の役に立つのだろう。そう思っている人も多いのではないだろうか。「歴史は繰り返す」という言葉があるが，人類は歴史を知り，むしろ前轍を踏まないようにすることによって，他の生物に見られないような進歩・発展をしてきたのである。古来，日本の歴史書には『大鏡』『吾妻鏡（東鑑）』『後鑑』など「鏡」や「鑑」という字が用いられ，歴史は時代を映すものという意味合いを含めていた。歴史を考えるとは，単に過去にあった出来事を覚えるものではなく，過去を分析し振り返ることによって，これから起こるであろう未来に向けて考えていくことなのである。つまり，われわれ人類の様々な到達点を知ることで，次なる段階や未来へのスタート台に立つことになるのである。

　このような視点に立ったとき，スポーツという人類共有の財産について，その経過，経緯をたどり，発展の過程を知ることは，今を考え，ひいては今後スポーツがどのような方向へ進んでいけばよいのかを指し示す，羅針盤を手に入れることになるであろう。

2　未開社会とスポーツの夜明け

　スポーツをする生き物は，人間だけである。競馬もスポーツの1つと見られているが，おそらく当の馬自身は，体を鍛えてスポーツをしているという自覚はないはずである。彼らは，仕事，役目として体を鍛え（鍛えられ），走っ

ているのである。このように，スポーツは，本能的に可能な能力だけでも，生き物が生まれながらに持っている能力だけでも行うことはできない。人間らしい文化を有する前の段階の人類では，食（食料の獲得を含む）・性・闘争・遊びといった日常生活で見られる運動を伴う本能的欲求は，種の維持，生存競争など，生きることに直接関わるものであり，そのほとんどは，他の動物の本能的行動と差異のないものであったと考えられる。身体活動に特別な意味を付加し，生存に直接関わらないような文化的な意味を持たせた「スポーツ（運動競技，娯楽的身体活動など）」という活動は，人間という限られた種の社会の中でのみ見られる現象と考えてよいであろう。このような今日的な「スポーツ」の歴史について考えるとき，まずは人類がいつごろからスポーツという文化を持ったのか，ということについて考えなければならない。

　通説では，人類の直接の祖先は，類人猿のなかでも知能の発達した猿人だとされている。現在，チンパンジーと猿人（アウストラロピテクス）のあいだをつなぐ初期猿人（最古の猿人）としては，約700万年前に出現した「サヘラントロプス・チャデンシス」の存在や，620万〜520万年前に生存していた「オロリン・トゥゲネンシス」，450万〜430万年前に生存していたとされる「アルディピテクス・ラミダス」などが知られている。また，現生人類の祖先と近縁種と考えられている猿人（アウストラロピテクス）の化石で最古のものは，370万年前に生存していたとされる「リトル・フット」であるが，これらの猿人は「アウストラロピテクス属」であり，同じ「ヒト科」「ヒト亜科」「ヒト族」「ヒト亜族」ではあるが，現生人類（ホモ・サピエンス）の「ホモ属」とは異なり，似て非なる生物と考えてよい。長い歴史の中で，ほとんどの人類はすべて絶滅し，現在では地球上に唯一残った人類がわれわれホモ・サピエンスである。これまでホモ・サピエンスが登場したのは，エチオピアで発見された骨から約19万5,000年前と言われてきたが，近年モロッコで見つかった30万年前の骨には，ホモ・サピエンスと顔の特徴が似ているところがあることから，およそ30万年前から「初期のホモ・サピエンス」が存在し，そこから現生人類へと進化していった可能性があると報告されている。どちらにしても地球の地質年代の視点から見れば，現代からほんの少し前の話なのである。

　今のところ，人間の最も古いとされている古代文明をさかのぼってみても，

１万年に満たない。オーストラリアの原住民やアフリカの部族の中には，つい最近まで文明社会に触れることなく生活していた人々もいたのであり，わが国でも，つい150年ほど前までは自動車や飛行機も新幹線もなく，飢えや不治の病などを経験し，生活に窮していた時代をたびたび経験していたのである。現在の日本社会のように，国民の平均寿命が80年を超えて，人間の寿命が長いと感じるようになったのは，ごく最近のことであり，限られた地域社会での話である。

　このような人類の歴史の中では，長い間，基本的な運動能力や道具の操作を伴う狩猟的運動能力などの良し悪しが，直接，食生活を左右したであろう。また，敵対する集団や集団内の権力抗争や闘争などにもその能力が利用されたであろう。よって，必然的に運動能力のレベルアップや操作技術の工夫などが行われたと考えられるが，このような狩猟や戦いという実用目的で行われる身体運動は，スポーツではないのである。しかし，１万数千年くらい前から，それまでの狩猟採集による生活から，農耕によって定住して暮らす者が増えていったといわれている。すると，実用へ向けての身体能力の修練や努力が，競争という遊び的要素を多く含む自己目的的な活動へと発展していった。さらに土地の所有や支配の問題，また，生産に余剰が生まれ，そこに財が発生すると，その余りは誰のものかという所有の争いが生じるようになる。敵対する関係であれば闘争になるが，身内や仲間で殺し合いや闘争となっては困るので，次第に約束事や決まり事（ルール）の中で解決するようになっていく。意図的に競争しようとするのは，人間だけである。「競争」というルールを伴った原理を生み出したところに，人間らしさがある。他の動物でも闘争を行うが，相手に勝つために準備をして，目標を立て，それに向けて努力や練習をするわけではない。人間は競争するために，また勝利を得るために過去を記憶し，今を考え，未来に向けて努力や工夫を重ねることができる存在になったのである。また競い合う運動以外にも，時間や空間を共有する呪術的・儀礼的な身体活動や，お互いをかけがいのないものとして認め合い，ともにより良く生きることを目的として「分かち合い」という原理に基づいた活動なども見られるようになった。これらの身体活動は，それぞれの集団，社会の中で次第に文化的な意味を持ち，のちのスポーツの萌芽となっていったと考えられる。

3　古代文明に見られるスポーツ

　古代文明（メソポタミア，エジプト，インダス，黄河）の時代になると，社会の統治機構が整い始め，帝国的国家組織が形成されて，王や貴族，官僚などの特権的な地位や身分が生まれたことが明らかになっている。特権的な地位の象徴は，卓越した身体とそれに伴う高い能力を有することと，弓矢や剣など当時の最新の武器を所有し，利用しうることにあった。特に機動性の高い馬牽戦車（当初，戦闘における王の専用車）や弓矢，剣などは，戦争や狩猟において重要な役割を果たすようになり，戦車の操縦法や武器の操作法に優れ，戦争に強い者が権力者となっていく。これらの特権的な地位の者が所有した武器や兵器の使用を伴う身体活動は軍事であり，スポーツとは言いがたい。しかし，平時における武器や兵器の操作法の修練やこれらの技術を競い合うといった身体活動，また，これらの武器を使用した鳥打ちやかもしか猟などは，やがて特権的地位の者にだけ許された，権力の象徴としての意味をもつスポーツとして成立していったのである。

　また，遺跡の出土品からは，王が兵士に対して軍事訓練の一環として，レスリングや木刀試合，水泳，弓矢などを行わせていたことが知られている。その

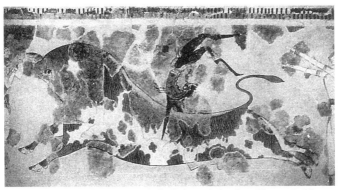

図3-1　アクロバティックな牛跳び（クレタ島，紀元前1,500年頃）
（H. W. ジャンソン，1990）

他にも，ダンス，体操，アクロバットなどの身体活動も行われていたことが知られている。このように古代文明社会でも，競技的な身体活動やアクロバティックな身体活動が行われていたが，それは権力者が超自然的な存在であることを示す手段だったり，宗教的な手段であったと考えられている。また，権力者の命令として，身体的能力の優劣や強さを競わせるパフォーマンスを披露させ，それを代価を払って見物するという経済の図式も生まれた。これらの活動は，社会の中で生産活動と直接関わらず，特殊な技能（身体技術）を人々に観覧させ生計を立てるスポーツ専業者を生み，やがてショー的なスポーツが誕生する。

4 古代ギリシャにおけるスポーツの胎動

　古代ギリシャでは，市民の自由，平等，自治をモットーとし，土地所有と奴隷所有を共通の基盤とする人々によって，ポリス（都市国家：紀元前750〜550年頃に最も発展した）が形成され，そこでは有能な市民を育成するために，青少年教育に力が注がれ，スポーツを教育の手段とした「ギムナスティケー（体育）」が始められた。

　建設の経緯によってそれぞれ独自の発展をした各ポリスであるが，小さいながらも政治的に独立した都市国家であったため，個々のポリス間で，互いに対立や抗争を繰り返し，競争意識も盛んであった。その特徴を最も代表するポリスが，スパルタとアテナイである。

　スパルタは，個人を国家に絶対服従させることによって，理想を達成しようとした。征服の歴史で作られてきたスパルタでは，征服者スパルタ人はすべて支配者階級であり軍人であった。命令に服従する忠誠心を持つ少数のスパルタ人が，多数の被征服者を力によって完全に支配していた。そのため，スパルタでは，軍国主義的鍛錬主義を尊重し，国家にとって理想的な兵士を作り上げるために「スパルタ式」といわれる独特の教育を行った。

　子どもは7歳まで母親のもとで育てられたが，7歳から30歳で市民権を与えられるまでの間は，「アゴゲー」と呼ばれる国家による強制的な義務教育が

行われた。そこでは，厳しい戒律の中，戦時の生活に耐えられるように粗食に甘んじ，通常は夏冬を通して1枚の衣服と裸足で過ごすという共同生活が行われた。「アゴゲー」では体育が重視され，武技の訓練のほか，走，レスリング，ボクシング，弓，やり投げ，パンクラチオン，狩猟，乗馬，水泳などが行われた。また，女子も少年同様に走，レスリング，水泳，円盤投げ，やり投げなどが専用の運動場で行われたが，これは，より強健な子孫を残すための手段として，健康な母体を作り育てるためであった。

　一方，アテナイでは，民主的な社会は個々の市民が社会的役割を果たすことによって成り立つと考えられ，個人の能力を自由に伸ばすことによって，国家の繁栄を実現しようとした。よって，アテナイではスパルタのように国家権力を中心とする考えではなく，市民は戦士，競技者であるとともに，芸術，政治，哲学にも能力のある文武一体の人間形成を目指し，戦時だけではなく平和時の国家にも奉仕できる，心身の調和のとれた人間像を理想とした。アテナイ人は，このような調和的人間の完成をめざすことが神に対する義務と考え，やがて宗教的な祭礼に結びつけていった。

　アテナイにおいても7歳から教育が行われたが，体育，音楽のほか，読書，算数も行われた。特に少年たちの身体訓練は，私塾的な施設の「パライストラ」で行われ，レスリング，ボクシング，跳躍，走，円盤投げ，やり投げなどが行われた。18歳になると，一般市民のための公共施設である「ギムナシオン」に移り，ペンタスロン（五種競技）やパンクラチオンなどの身体運動が行

われた。2年間は猛烈な軍事訓練に従事したが，2年後には解放されて，自由人として学者，詩人，作家，歴史家，彫刻家，実業家，政治家などになった。「ギムナシオン」には，運動施設以外に哲学的談話や学問上の討論をする場所や入浴室，脱衣場なども用意されていたことから，市民の特権である「スコレー（閑暇）」を過ごすための身体的，精神的教養センターやコミュニティ・センターのような役割を果たしてい

図3-2　パンクラチオン
（オリボバ，1986）

たと考えられている。

5　古代ギリシャの理想的身体観

　紀元前8世紀頃，トロイア戦争（紀元前1,300〜1,200年頃の史実）で活躍した英雄たちをめぐる長編の叙事詩，『イーリアス』と『オデッセイア』が生まれた。詩人ホメロスによって著されたこれらの詩は，ヨーロッパ文学における最古の詩であり，文学的には「ホメロスの英雄叙事詩」と呼ばれている。この中には，スポーツ的な活動として，相当に高い水準に達した競技会の様子が描かれており，スポーツ史においてもすこぶる重要な史料である。これらの詩に描かれた英雄像は知勇兼備を理想としているが，特に身体的理想像として，身長が高く，ガッチリとした体格が描かれている。そこには「優れた肉体」を「アレテー（美）」とする理想的身体観が存在しており，当時の英雄の資質として，身体的な条件はかなり重要であったことをうかがい知ることができる。また，戦車競技，ボクシング，レスリング，徒競走，跳躍，やり試合，円盤投げ，やり投げ，弓射，球戯，舞踊など様々なスポーツの様子も描かれており，これらのスポーツがレクリエーション，賓客歓待の行事，墓前葬送など，様々な目的で行われていたことがわかっている。スポーツが当時の貴族や市民権を持つギリシャ人の日常生活にいかに密着し，重要な役割を担っていたかもうかがい知ることができる。

6　古代オリンピアの祭典競技

　個々のポリスの中に浸透していったスポーツは，やがてポリスの枠を超えて開催される祭典競技（汎ギリシャ的な宗教的祭礼に伴って行われる競技会）として発展していった。その中で4大祭典競技として有名なものは，オリンピアの地で行われた「オリンピア祭典競技」，コリント地方の「イストミアン・ゲームズ」，ネメア地方の「ネメアン・ゲームズ」，デルフォイ地方の「ピシアン・

ゲームズ」である。オリンピアの祭典は，古代ギリシャの最高神（全能の神）であるゼウスを主神とし，その他多くの神々に捧げるために，国民的な行事として特に盛大に行われた。紀元前776年に始まり，その後4年ごとに開催され，キリスト教徒であったローマ皇帝テオドシウス1世によって廃止される紀元393年まで，1,200年近くにわたって一度も中止することなく293回も行われた。当初，祭典の開催日程は1日でありスタディオン競走（約191m走）のみであったが，その後，ディアロウス競走（約382m走），ドリコス競走（約3820m走），ペンタスロン（短距離徒競走，幅跳び，円盤投げ，やり投げ，レスリングの5種目で競う），レスリング，ボクシング，パンクラチオン，戦車競争（4頭立ての戦車），競馬といった種目が増え，それに伴い開催日程が5日間に延長されるなど，大規模になっていった。

　当時のギリシャでは，ポリス間で戦闘状態になっていた場合もあったが，祭典の11日前には，ギリシャ全土に神のお告げによる「平和休戦」が宣告され，祭典が終了するまで，各ポリス間は一時戦闘を中止し，ポリス相互の名誉をかけて競い合った。当初は1か月であった聖なる休戦の期間は，最終的には3か月ほどにまでなったといわれている。ギリシャの国民的行事となったオリンピアの祭典が始まった紀元前776年をギリシャの紀元元年としたり，スタディオン競走の距離を距離測定の単位（スタディオン）としたりした。また，競技の優勝者は非常に尊敬され，スタディオン競走の勝者の名をとって年号としたり，神域の森のオリーブで作られた冠が与えられた。彫刻家は勝者の姿を石に刻み，詩人は勝者を讃える詩をよんだりした。また優勝者は特設の凱旋門から入場し，国家的行事の際には，国王のそばに席が設けられ，税金が免除になったり年金が与えられたりするなど，名誉と莫大な富が与えられたことから，早くからプロ化も進んだようである。

7　古代ローマのスポーツ

　紀元前8世紀頃に王政の都市国家として成立した古代ローマ帝国では，その初期の頃には素朴な生活の中での走・跳・投などの身体訓練が行われたが，

紀元前509年に王政を打倒し共和政に変わった中期から末期にかけては，軍制のもと「カンボ・マルツィオ（訓練場）」で格闘技・武術訓練・騎馬訓練などが盛んに行われるようになった。スパルタ人に似た性格・気風をもっていたといわれるローマ人は，紀元前350年を過ぎたあたりから次第に崩壊を始めていたギリシャの各ポリスを征服し，紀元前146年には，アテナイも支配下に置いた。アテナイを征服したローマは，アテナイの教育や文化を模倣，採用したため，ギリシャ文明が浸透し，帝政期には祭典競技も行われるようになった。

しかし，ローマ人が模倣しようとしたギリシャ文明やスポーツは，すでに最盛期のように調和的な人間の完成，教養としての性格を失っており，ローマ人には，実際におこなって楽しむよりも，見て楽しむショーとして受け入れられた。よって優れた技能やたくましい体力などは，ただの興味や鑑賞の対象にすぎず，コロシアム（円形競技場）では，職業剣闘士同士，奴隷民や囚人同士，時には人間対野獣の格闘を行わせ，大競技場では死傷者がでるような戦車競技などが行われた。このような格闘や競技は，退廃的，奢侈的，享楽的生活に飽き足らず，強烈な刺激を求めていたローマ人に非常に愛好された。

古代ローマの風刺詩人であるユベナリス（Decimus Junius Juvenalis 60-128）は，このような状況を風刺して，次のような詩を残している。「だからもし，祈るならば，健康な身体に健康な精神があれかしと祈るべきであろう。」この一節は，わが国では「健全なる精神は健全なる身体に宿る」という言葉で広く知られているが，明治以降のわが国で富国強兵をめざすスローガンのような意図をもって用いられた。しかしユベナリス自身は，「健全な精神は健全な身体にしか存在できない」とは言っていない。むしろ，「いくら健康で頑強な

図3-3　円形競技場の光景（様々な武器を持つ剣闘士の決闘）
　　　（ローマのモザイク，4世紀）（オリボパ，1986）

身体を持っていても，健康な精神はなかなか伴わないので，もし神に祈るならば健全な身体に健全な精神が伴うように祈るべきだ」と，身心の調和や一致の難しさを述べているのである。また，このようなユベナリスの身心観からは，大変難しいことではあるが，健全な身心の共存の可能性があることも認めていることが確認できる。

8　中世ヨーロッパの騎士道とスポーツ

　ヨーロッパの中世（5世紀から約1,000年間）におけるスポーツの歴史は，キリスト教と騎士の生活を無視して考えることはできない。

　キリスト教は，392年にローマ帝国の国教となってから，中世を通じて西欧の民族を教化した。身心を調和的に発展させようとするそれまでの人間観に対して，キリスト教では身体は精神よりも下位に位置し，魂は神のもので永遠不滅であるとされた。官能的快楽や欲望の根源である肉体を否定することで神の恵みを受けることができる，という禁欲主義と共に発展したため，スポーツや体育，爽快感を求めるような運動などは蔑視される傾向にあり，スポーツ史においては暗黒時代ともいわれる。

　思想的にはキリスト教の絶対的な支配下にあったが，8世紀後半に完成したといわれる中世社会は，社会体制としては封建社会であったため，騎士やその修行過程にある者（貴族やその子弟）は，職務上の必要性から身体訓練を行った。騎士には，軍事目的の身体的能力と精神的徳性のほか，領主への忠誠や貴婦人への奉仕，モラルとしての騎士道が要求された。そのために騎士は，七芸（乗馬，水泳，射術，剣術，狩，将棋，作詩）を身につけることが求められた。10世紀以降の騎士道華やかな時代には，騎士は王侯貴族の結婚式や騎士叙任式などの機会に，社交や娯楽を目的としてトーナメ

図3-4　トーナメント（トゥルネイ）
（野上，1991）

図3-5　綺麗な衣装を身にまとって闘うジョスト（寒川，1991）

ント（各種武器なども使用する集団対抗試合であるトゥルネイと，馬上における長槍の一騎討ち形式の試合であるジョスト）などを行ったが，その主な目的は，あくまでも日頃の修練の成果を披露する場であり，立派な騎士を養成することにあった。このように培われた騎士道の精神は，近世のジェントルマンシップを経て，やがて現代のスポーツマンシップに引き継がれている。スポーツの発展にとって重要なプロセスであったといえよう。

9　中世ヨーロッパにおける民衆の身体活動とスポーツの萌芽

　11，12世紀のヨーロッパでは，手工業，商人，金融業者などの共同体である中世都市が確立されていくが，その都市の市民は，自衛・自決の意識を強くもっていたため，自らの都市の防衛のために，レスリングやフェンシング，弓，弩などの身体訓練を行っていた。また農民階層も，生産労働とともに，都市防衛のために軍隊を組織する義務があり，弓や弩，銃などを使う訓練を受けていた。

　次に封建体制が確立し，社会が比較的安定する12～13世紀になると，ギリシャ時代からの伝統であるレスリングや徒競走，やり投げなど，騎士の身体訓練で行われていたような競技以外に，フランスやイギリスの王朝のもとで，今日見られるような幾種目かのスポーツの原型となった運動が芽生えてくる。

フランスでは，テニスに似たジュ・ドゥ・ポーム，サッカーやラグビーの原型となったスール（チームで対抗し，2本の柱の間にボールを蹴り込むもの），ホッケーの一種で杖でボールを打つスール，ゴルフに似たマーイ，レスリングに類するリュットなどが盛んに行われた。

イギリスでは，民衆の間で街頭球技が盛んに行われ，危険な球技「モブ・フットボール」なども行われた。「スポーツ」という言葉が生まれる15世紀頃になると，クリケット，ホッケー，ゴルフ，テニスなどの打球戯の原型や木球戯の原型が，盛んに行われるようになった。

これら民衆スポーツの多くは，主に日常生活が営まれる道路で行われ，当時の道路は，民衆の運動場を兼ねていた。中世以来，抑圧され続けた民衆のエネルギーは，スポーツを行うことで一気に爆発し，のちのスポーツ発展の大きな原動力となった。しかし，民衆がスポーツ活動に熱中するあまり生産労働がおろそかになり，社会秩序は乱れ，軍事訓練から逃避する者が多く出てきた。国王からたびたび禁止や許可の勅令が出されているが，その効果は薄く，民衆は禁止を無視してスポーツにふけり，熱狂した。皮肉なことに，国王の出す禁止令の対象となった種目のほとんどが，のちに発展し，近代スポーツの礎となっている。

10　ルネッサンスの勃興と近世ヨーロッパの身体教育活動

14世紀に入ると，北イタリアで，神中心のキリスト教とその教会の支配下にあった中世文化を否定し，人間中心の近代文化に転換していく契機となるルネッサンスが興った。ルネサンスは，中世封建主義やキリスト教思想によって束縛された中世文化に対する批判的精神であり，思想的，哲学的にも人間中心の近代文化への転換となる動きであり，ヨーロッパ社会を変容させる革新的な文化運動であった。中世的な身体観からの脱却，次なる近代的身体観の芽生えという意味でも重要である。

ルネサンスの人文主義者たちは，古代ギリシャ・ローマの時代を人間性が肯定されていた理想の時代であると捉え，古典による教養こそが人間を人間たら

しめるという古典文化の復興をめざし，身心を調和的に発展させようとする身体観が見直された。この考えによって人間形成を目指す教育は，ヒューマニズム教育と呼ばれ，教育の対象として身体の育成は重視すべきものであると考えられた。

イタリアのビッドリーノ（1378-1446）は，パドヴァ大学に入学し，人文主義者のヴェルジェリオや修辞学の教授であったバルツィッザなどから教養諸学を学び，人文主義に基づく全人教育のための寄宿学校「喜びの家（Giocosa）」をマントヴァに創設した。この学校は，君主や貴族のみならず，庶民の子弟にも開かれており，キリスト教と古典教育との調和を知育・徳育・体育の一体化の中で図ることを目的とした，ルネサンス人文主義教育を具現化した学校として名高い。そこでは本格的な軍事訓練や運動訓練なども行われたが，特に軍事訓練や遊戯からも解放された体操を学校で初めて教えたことで知られ，高等教育に欠かせない，健康ではつらつとした逞しい肉体をもった人間を理想とする教育が行われた。この寄宿学校における教育の形態は，パブリックスクールにも見られるように，その後のヨーロッパの教育の1つのありかたとして確立されていくのである。

イタリアで確立したヒューマニズム教育は，イタリアよりもむしろ他のヨーロッパ各地に広がり影響を及ぼした。ドイツのギムナジウム（Gymnasium ＝ 中等教育学校）の生みの親ともいわれるシュトゥルム（1507-1589）や，『教育論』の中で身体育成や鍛錬主義を唱えたフランスのモンテーニュ（1533-1592）などはその代表的な例である。また，イギリスでは人文主義がパブリックスクールなどの中等教育の中で根を下ろし，エリオット（1490-1546）やマルカスター（1531-1611）たちは，身体運動の必要性だけでなく，休息やレクリエーション（魚釣りや軽い散歩など）も必要不可欠なものとして位置づけ，ゲーム的な教材を用いて身体を鍛錬してゆく方法を提唱していった。

現代でこそ，多くの科学的研究成果の集積によってトレーニングの方法も工夫され，休息やレクリエーション的な要素が重要であることもあたりまえのようになったが，16世紀後半にすでに，身体の育成に欠かせないトレーニングの方法が提唱され，効果的な休息の考え方が確立しつつあったことは，スポーツの発展過程において看過できない。

　これらの動きは，中世封建主義やキリスト教の思想によって束縛されていた身体観から解放され，自由に身体を捉えようとする新たな動きであり，身体を教育の対象としたという共通点をもっている。社会におけるスポーツのこのような新しい評価は，1618年にイギリスのジェームス1世によって発せられた「スポーツ宣言」からうかがい知ることができ，やがて，イギリスの思想家ジョン・ロックやフランスの思想家ルソーに引き継がれていく。

11　近代スポーツの背景

（1）民主主義とスポーツ

　17～18世紀になると，近世イギリスのミドリング・ソートと呼ばれる中間層の中から，商業的に成功して富を手に入れる市民が出てくる。商業や小土地所有によって自立できる財産を持ち，産業の発展に伴って資本を蓄えたミドルクラスであり，ブルジョワジー（中産階級）と呼ばれる市民が台頭してきた。なかには成功に見合った名誉と尊敬を求め，土地を買い取り自らの所領を拡大していくことで，不労所得者であるジェントリー（上流階級）の地位を獲得していった者もいる。

　ブルジョワジーを中心とする産業資本家の台頭は，それまでの封建制を打破し，市民が政治的・経済的支配権を獲得して近代資本主義社会への道を拓くという，国民国家の時代を築き上げていくことにもつながった。このような社会の変容は，スポーツに対する欲求や，スポーツのあり方，考え方にも大きな変革をもたらすことになる。近世までの「遊戯」から近代における「スポーツ」への発展は，国民主権主義，基本的人権の尊重，法の支配，民主的政治制度の確立など，近代民主主義的思想・制度の原型が形成されたことによって成し遂げられたといっても過言ではない。つまり，経済面での産業化，政治面での民主主義，価値観の面での自由や平等の理念といった近代社会成立の条件は，近代スポーツという新しいイメージを創造する上でも，なくてはならない重要な条件だったのである。

　近代スポーツ成立に重要な役割を果たした3人の思想家を以下にあげよう。

第3章　スポーツの文化とその歴史

トマス・ホッブズ（1588-1679）

　トマス・ホッブズが展開した国家理論は，国民主権や基本的人権の尊重とい
う近代的な民主主義理論の先駆けであった。『リバイアサン』（1651）で彼は，
「人間にとって最高の価値は生きる権利（自然権）と生命の尊重（自己保存）で
ある」と述べ，争乱のない平和な政治社会を確立する必要性と方法を提案して
いる。ホッブズの契約あるいは同意に基づく政治権力や国家の設立という思想
が，今日の国民主権主義のモデルになったことはいうまでもないが，社会の縮
図として現れるスポーツにも，これらの影響が発展に大きく関わっている。こ
のホッブズの理論を批判的に継承したのが，ジョン・ロックとジャン・ジャッ
ク・ルソーである。

ジョン・ロック（1632-1704）

　イギリスのジョン・ロックは，議会制民主主義の思想を理論化し，「民主主
義の父」とよばれるが，『教育に関する考察』（1693）の中で，教育における体
育の必要性を述べている。

ジャン・ジャック・ルソー（1712-1778）

　ジャン・ジャック・ルソーは人民主権論を主張し，民主主義の内容をさらに
大きく前進させた。『エミール』（1762）において，子どもに自然の善性を認
め，文明社会によって歪められない自然人の理想を目指し，文明社会の悪影響
から守り育てようという教育理念を打ち出し，その具体的な教育法として，特
に情念教育を重視した。モンテーニュやジョン・ロックの流れを汲む全人格的
教育の理想は，やがてカントにも大きな影響を与えたといわれている。

　トマス・ホッブズやジョン・ロックが展開した，経験論的な認識論や道徳哲
学，理性・自然法・社会契約的な政治思想が，イギリスをはじめとする西欧に
おける啓蒙思想の幕開けとなるが，この啓蒙思想の普及と産業革命の展開から
始まる近代において，スポーツといえば，もっぱら競技スポーツを指すように
なっていく。近代スポーツでは，特に「競争」に対しての「機会の平等」にこ
だわる点に特徴が見られるようになるが，その背景には，競技を行う前から勝
敗が明らかであることを極力避けることで，出自に関係なく個人の努力で成功
を勝ち取れるという，近代社会の理想とその実現に結びつく思想があるといっ

てよいだろう。この準備段階として，15世紀から18世紀にかけてヨーロッパに展開した人文主義，国民意識，個人主義，人権意識，科学的世界観の広まりなどが，近代スポーツ誕生に貢献していたことは見逃すことができない。

　ヨーロッパ大陸の諸国は，歴史的に隣接する国々との戦いや確執に意を注がなければならなかったが，イギリスは四方を海で囲まれ，大陸の紛争に巻き込まれることも少なかった。イギリスでは，ヨーロッパ諸国の中で最も早い1640年代に市民革命が起こり，1760年代には産業革命が起きた。また，森や平地に恵まれ，海流や地理的な条件から緯度のわりに比較的温暖な気候であり，イギリスの人々は，生来，屋外で行う遊びや身体運動を好んで行っていた。そのため，中世から伝わってきた運動や遊びを，近代という新たな時代に即したスポーツとして創り上げられる状況や条件が整っていたのである。それによってイギリスは，他のヨーロッパ諸国に先んじて社会の近代化に成功しただけでなく，暴力的な対立であったそれまでのスポーツを，より流血の少ない新たな形に昇華させ，スポーツの近代化にも成功したのである。

(2) ナショナリズムとスポーツ

　ヨーロッパの封建社会が崩壊するにしたがって，一般市民に広く教育が享受されるようになると，新しい思想において評価されたスポーツをはじめとする身体活動や各種運動が，学校教育や国民教育の中で取り上げられるようになる。

ドイツ体操

　社会にとっての個人の有用性・効能性を求めることで，社会が自ずと変わっていくという考えによって，新教育の先駆的役割を果たしたのが，ドイツのヨハン・ベルンハルト・バゼドウ（1723-1790）である。1774年にデッソウに「汎愛学校」を設立し，様々な出自の子どもたちを啓蒙教育的な考え方で教育しようとした。ここでは，発育期の子どもたちをいかに教育するかに重点が置かれ，バゼドウは，初歩の授業の中に遊び的な要素を採り入れたり，直観と自己活動による学習や，生きた外国語の学習，母国語を大切にすることなどを強調した。性格形成，感覚形成，技能形成といった観点からは，乗馬，水泳，ダンスなどの騎士的の運動が採り入れられたほか，平均運動，溝跳び，球技，スケートなど民衆的運動も採り入れられた。バゼドウによって設立された汎愛学校

は，20年を経ずして閉鎖されることになるが，学校で体育を教えるという近代的な発想を実現したことは注目に値する。

　シュネッペンタールの汎愛学校に勤務していたグーツムーツ（1759-1839）は，学校における指導の成果について研究をまとめ，「実務的で道徳的な市民の育成に体育が寄与するものである」という論理を構築した上で，指導法の工夫などを行ったことから，「近代体育の父」と呼ばれている。

　1789年のフランス革命後，ナポレオンの強力な軍隊によってヨーロッパの多くの国々が征服されたが，これは結果的に，征服された国々のナショナリズムを高揚させ，各国の教育や体育に新しい気風や展開を産みだす契機となった。1806年にナポレオンに敗れたドイツでは，1811年にヤーン（1778-1852）が，それまで行われていたギムナスティク（Gymnastik）に代わって，青少年の身体運動を中心とする教育活動としてツルネン（Turnen）を提唱し，国民の体力と気力を高め，国民的自覚を高めることに努めた。ツルネンには，グーツムーツの行った運動をもとに，水平棒・平行棒や軍隊訓練的な運動も数多く採り入れられたが，その実施法は比較的自由で自然であり，対象も特定の学校の生徒にだけではなく，あらゆる階層のドイツ人に開放され，国民教育の土台となった。1818年頃にはドイツ全土へと広がっていったが，当時のツルネンは政治思想的な色合いが強かったため，1820～1842年には当時のプロイセン政府によって禁止された。その後，1842年に政治思想的性格を払拭し，身体運動のみをツルネンと位置づけることで再開され，ヤーンは「ドイツ国民体育の父」と呼ばれている。国民体育として発展したツルネンであるが，1860年には，プロイセンの小学校から大学までの男子にツルネンが随意科として置かれ，1862年には小学校で必修化されるなど，学校教育においても制度的に確立していくのである。

デンマーク体操

　フランス，イギリス，スウェーデンなどの列強諸国の脅威にさらされていたデンマークでは，国家の軍事力強化に迫られ，1804年に世界最初の体育指導者養成学校である「軍隊体育学校」を創設した。また，続く1808年には，軍隊体育学校に併設して，市民のための体育学校も作られ，翌1809年には，体育が中学校で随意科となり，1841年には，国民学校令によって小学校男子の

体育の授業が必修化された。軍隊体育学校の校長に任命されたナハテガル（1777-1848）は，グーツムーツの理論を継承する体育を採用し，のちに市民と軍隊，両方の体育の主管者となって小学校や中学校の体育の手引書を作成したり，体育制度の確立にも尽力した。

スウェーデン体操

スウェーデンでは，フランスやロシアの脅威にさらされ，復古的ナショナリズム（ゴート主義）に向かうなか，リング（1776-1839）の提唱により，1814年，体育教師を養成する「王立中央体育学校」が創設された。リングの体育思想はナショナリズムを柱とするものであったが，この学校の具体的な指導方法は，調和的な身体の発達をめざすものであり，運動の合理化を研究する中で体育の理論的・実践的発展に努め，徒手体操を創りあげることに力が注がれていった。リングの死後，この徒手体操は生理学，解剖学などの根拠に基づいて確立され，「スウェーデン体操」としてヨーロッパ，アメリカのみならず，日本の体育にも大きな影響を与えることになった。

12　近代スポーツの発展とその思想

（1）エリート教育へのスポーツの導入

現代スポーツに至る近代スポーツの発展は，イギリスの力に負うところが大きく，イギリスはスポーツの近代化・発展の先駆的役割を果たしている。近代ヨーロッパ諸国においては，被征服をきっかけにナショナリズムが高揚し，いわば国家軍事力の問題から意図的に発想して作られた運動が発達してきたのに対し，大陸の紛争に巻き込まれることが少なかったイギリスでは，本来のスポーツの本質的な意義や，政治の動きとは関係のない個人の立場で，経済的に余裕のある範囲内で，近代社会を成立させていくのにふさわしい性格や特徴を持つ身体運動文化として発展してきた。19世紀半ばから後半にかけては，大英帝国として世界にその力を誇示し，政治・経済のみならず，近代文明においても世界の中心的な位置に立っていたイギリスは，エリート養成を念頭においたゲームを中心とする，戦うスポーツや競技スポーツなど，競争を中心とするス

ポーツを多く展開し，近代スポーツの中心的役割を果たした。また，海運国で
あったイギリスは積極的に他国の文化やスポーツを導入し，さらにそれを発展
させて自国の世界戦略とともに世界各地にスポーツを普及させた。

　イギリス本国の数十倍もあった植民地を統治していくためには，経験主義，
功利主義に貫かれた，主意的で指導性豊かなイギリス人を育成していくことが
課題であった。そのためにパブリックスクールやオックスフォード大学，ケン
ブリッジ大学などが重要な役割を果たした。

　パブリックスクールは，19世紀初めまで，貴族やジェントリーの子弟など上
流階級を対象としたエリート教育機関で，ジェントルマンに必要と考えられて
いた古典的教養が主に教授されていたが，大英帝国が強大な力を持ち始めた
19世紀半ばに近づくと，上流階級以外にも勢力を伸ばしてきた中産階級の子
弟も入学するようになった。スポーツは重視されていなかったが，パブリック
スクールの1つであるラグビー校の校長トマス・アーノルド（1795-1842）
は，団結，規則の遵守，全体への忠誠，伝統の尊重，公正といったスポーツマ
ンシップの実践的修練の場として，スポーツを学校教育の中に積極的に採用し
た。その成果が認識され始め，1840～1850年にかけて他のパブリックスクー
ルにも波及し，やがてスポーツを導入した教育が，世界的にも注目されるよう
になった。

　パブリックスクールにおけるスポーツは，特に克服的な要素を持つ競技やト
レーニングを通して，たくましい身体を養うことができるものとして位置づけ
られ，紳士的な振る舞い，勇気や忍耐，不屈，自己犠牲，弱者への思いやり，
他者への奉仕といった精神的資質を形成する上でも，非常に有効な手だてであ
ると認識されるようになった。そして，組織重視と次代を担う指導者養成とい
う観点から，キャプテンを頂点とするリーダーシップ，フォロアーシップ，
チームワークが必要となる組織的団体競技が，個人競技以上に重要視されるよ
うになった。キャプテンの判断による戦況の把握，作戦の遂行，人員の適切な
配置，とりまとめ，相手チームとの協議や交渉，メンバーの協力など，フェア
プレー，ベストプレー，チームスピリットに通じるイギリス紳士流のスポーツ
マンシップが養われたのである。

(2) スポーツマンシップの涵養

　スポーツやスポーツマンシップの文化的源流をたどると，中世ヨーロッパの封建社会で盛んに行われた馬上試合（トーナメント）など，騎士の間で行われた身体運動文化に行きつく。これらのスポーツ的な活動は，多くの場合，実際の戦闘と競技が未分化であり，スポーツというにはあまりにも暴力的な行為であったことが知られているが，11世紀半ばから12世紀半ばになると，様々な儀式の形が整えられるに伴って，騎士たちの倫理規定ができあがっていった。1対1で正々堂々と戦うことを意味したフェアプレーの精神なども，騎士道の中で培われた考え方とされているが，このような騎士道的倫理観は，広くヨーロッパ文化の中に浸透し，中世の封建社会が崩壊した後も，近世・近代ヨーロッパ精神の中に継承されていた。

　「スポーツマンシップ」という言葉が出現したのは，17世紀後半から18世紀初頭といわれている。その当時の「スポーツマン」という言葉には，現在の私たちが認識するような倫理的な意味は含まれておらず，「狩猟家」や「遊び人」程度の意味で用いられていたようである。「スポーツマンシップ」の初出とされているヘンリー・フィールディングの小説『トム・ジョウンズ』(1745) でも「狩猟家の魂」のような意味で用いられている（The Oxford English Dictionary Second Ed.Vol. XVI）。

　伝統的なキリスト教の身心観は，肉体はいくら鍛えても精神のように大切なものにはならない，というものであったが，社会の近代化やエリート教育を必

図3-6　オックスフォード大学体育館内の光景（野上，1991）

要とするようになった19世紀中頃のイギリス社会において，同じキリスト教の内部から，人間形成の手段として，肉体の鍛錬に道徳的な価値を与えるという「筋肉的キリスト教」（Muscular Christianity）と呼ばれる思想運動がおこり，パブリックスクールやオックスフォード大学，ケンブリッジ大学などの教育機関においても，ジェントルマンを養成するためにスポーツを教育の手段としようとする教育イデオロギーが興った。19世紀後半には，課外活動として行われていたフットボールやクリケットなどのスポーツを道徳教育の手段として加えたことで，アスレティシズム（athleticism：運動競技熱）はいっそう興隆し，やがて帝国主義の風潮の高まりとともに，筋骨たくましいスポーツマンが，理想的なジェントルマン像と重なっていったのである。

　もともと実質的な支配階級であったジェントルマンの間では，スポーツに対して「それ自体を楽しむために行い，関わっているすべての人を尊重し，フェアプレーに徹し，自制すること」がジェントルマンにふさわしい態度と考えられており，スポーツマンシップは本来，ジェントルマンシップに基づいた精神性であった。しかし，19世紀後半から20世紀のイギリス社会の近代化の過程において，上位の中産階級がジェントルマンに属するようになると，「ジェントルマン」は「教養や徳性を身につけた紳士」を特徴づける言葉となり，さらに労働者階級がスポーツに参画するようになると，ジェントルマンの間で行われていた，特に勝敗をつけることを目的としないスポーツ（気晴らしやレジャー）は，勝敗を目的とするスポーツへと変容し始めた。勝利することが目的化していくことになり，その中で新しい社会の倫理的な意味内容を整えた「スポーツマンシップ」が形成されていくことになる。

(3) アマチュアリズムの歴史

　もともと上流階級の子弟の教育機関であったパブリックスクールでは，スポーツは自らが楽しむためのもので，決して物質的な利益を目的とするものではないというアマチュアリズムが叩き込まれた。イギリスのジェントルマンは不労所得階級であり，労働とは一定の距離を保つことができたため，利潤の追求に精を出す資本家や，専門的職業能力を売り物として収入を得ているプロフェッションとは一線を画したり，白眼視する傾向が強かった。金と暇が有り

余っていた彼らにとって，スポーツは
あくまでも趣味の領域であり，ジェン
トルマンとしての資質・教養を高め，
ジェントルマンらしさを表現するため
の重要な活動だったのである。よっ
て，それによって対価を求めるなどと
いうのは，もってのほかであった。こ
うした階級に入り込んできた中産階級
も，それなりに財をなすと，ひとかど

図3-7　大学対抗ボートレース
(野上，1991)

のジェントルマンでありたいと考え，アマチュアリズムを信奉するようになった。
　「アマチュア」という言葉が初めて用いられたのは，1839年の第1回ヘン
レー・レガッタの参加規定であるといわれている。この規定からは，ジェント
ルマンだけでボート競技を楽しむために，肉体労働によって金銭を得ているす
べての労働者を排除することが目的となっていることが見てとれる。また，実
際にアマチュア規定として成文化されたものは，1866年に行われた第1回全
英陸上競技選手権大会の参加者資格規定であるといわれている。

> かつて賞金目当てにプロフェッショナルと一緒に，あるいはこれに対して
> 競技した者，生活費を得るために競技いかんを問わず練習を教えたり，そ
> れを仕事としたり，手伝いをしたことのある者，手元の訓練を必要とする
> 職業（Trade），あるいは雇用者として機械工（Mechanic），職工
> （Artisan）あるいは労働者，これらはアマチュアとは認めない。

　このように，アマチュアとは，プロと競技しないこと，それを生業としない
こと，機械工や職工ではないこと，そして労働者でないことが明記されてい
る。さらに，1878年に全英ヘンレー・レガッタ委員会が策定したアマチュア
規定では，アマチュアとアマチュア以外のものが明確に区別されている。

> アマチュア漕手，およびスカールを漕ぐスカラーは，陸海軍士官，文官，
> 紳士たち（a member of the liberal profession），大学の学生もしくはパブ
> リックスクールの生徒，または機械工あるいはプロフェショナルを含まな

い，既設のボートあるいはローイング・クラブの会員であり，懸賞金，金銭，入場料のために競漕し，賞金目当てにプロフェッショナルと一緒にあるいはそれらに対抗して競漕し，かつて生活の手段としていかなる種類の競技において訓練を業として教えたり，手伝ったり，造艇の仕事に関係したりした者，また肉体労働者，機関工と職人と労働者は競技会に出場することはできない。

　このように，初期のアマチュア規定では，アマチュアは紳士と同義語とされ，すべての労働者をアマチュアから排除しており，アマチュアリズムは労働者差別の身分規定であった。その後1880年に全英陸上競技連盟は，アマチュア規定から労働者除外の規定を廃止し，アマチュアとはスポーツによって生計を立てたり，賞金をもらったりしない競技者と位置づけ，職業や階級によって差別されるものではなくなった。しかし，ヘンレー・レガッタにおいては，1937年の規定改正まで労働者除外規定が残されたままとなっていた。

　パブリックスクールのスポーツは，新時代の民主主義の気風を重んじて自由・自主・自治を柱とし，統一ルールの成文化が進められ，試合から起きる紛争の調停や解決には，話し合いが持たれた。課外活動の形成，対抗試合の企画運営，組織化，記録重視などを積み重ね，進学先の大学におけるスポーツ活動に大きな影響を与えた。名門ケンブリッジ大学やオックスフォード大学の対抗戦が行われるようになったのも，パブリックスクールにおいて下地がつくられていたからである。

　これらの教育機関の卒業生は，社会に出て指導者層になったため，国内外でスポーツクラブなどを結成したり，競技団体の組織化やスポーツの普及・伝播，スポーツマンシップの普及などに尽力した。

13　近代スポーツの発展とオリンピックの黎明期

　スポーツ各種の競技団体や連盟が組織化され，国際試合も開催されるように

なると，スポーツ競技が世界各地で普及するようになる。このような時代背景のなか，トマス・アーノルドの影響を受けたフランスのピエール・ド・クーベルタン（1863-1939）は，1886年，文部大臣にフランスの教育改革を進言するとともに，自らもフランス国内におけるスポーツ組織の改革に乗り出した。クーベルタンは，フランスの教育に留まらず，世界規模でのスポーツの発展，スポーツを通じた青少年の教育，世界平和を目指し，スポーツの永続を目指した。これらの活動はやがて結実し，1896年，ギリシャのアテネで第1回近代オリンピックが開催されるのである。開催に先立ち，1894年に創立したIOC（国際オリンピック委員会）では，基本的にイギリスのアマチュアリズムを継承し，オリンピック大会は，世界のアマチュアのスポーツの祭典とすることが決められた。

　第1回アテネ大会には，ヨーロッパを中心に，アメリカ，オーストラリア，チリなどの14の国と地域が参加し，陸上，水泳，自転車，フェンシング，体操，射撃，ウェイトリフティング，レスリング，テニスの9競技が行われた（ただし，ウェイトリフティングは，体操の1種目として行われ，ボートは悪天候のため中止された）。第2回パリ大会（1900年）には，女子の参加も認められるようになり，アジアからはインドが参加している。第4回ロンドン大会（1908年）では，アマチュア選手に限っての参加，各国オリンピック委員を通じての参加，参加人数の制限，各国選手団の入場に際しては国旗を先頭にしてユニフォームで入場行進するなど，近代オリンピックのモデルの原型が整えられた。第5回ストックホルム大会（1912年）には初めて日本選手が参加し，十種競技，近代五種，女子水泳などの競技種目が加えられた。第一次世界大戦により1916年にドイツのベルリンで開催される予定であった第6回大会は中止されるが，1920年，ベルギーのアントワープで開催された第7回大会においては，古代オリンピックに倣い選手宣誓が行われたほか，クーベルタンの考案した五輪旗が掲げられるようになった。1924年の第8回パリ大会からは，冬季大会が正式に認められ，フランスのシャモニーで第1回冬季オリンピック大会が開催された。

14　スポーツと政治

　回を重ねるごとに国際的な制度や体制を確立していったオリンピックであったが，1936年の第11回ベルリン大会は，ナチス・ドイツのヒトラーによって，権勢を世界中に誇示する場として政治的に利用された大会となった。続く第12回大会は1940年に東京で開催される予定であったが，1937年に日中戦争が勃発し，日本が戦争状態になっていたこともあって中止された。オリンピックが再開されたのは，第二次世界大戦終了後の1948年，第14回ロンドン大会からであるが，日本とドイツはこの大会への参加が認められず，1952年の第15回ヘルシンキ大会から参加が認められるようになった。1964年には，第18回大会が東京で開催され，アジア初のオリンピック開催となった。

　このように，近代スポーツの最高峰のイベントである近代オリンピックには，様々な場面で政治色の濃さが見受けられる。それは，近代オリンピックが当初からスポーツを通じて若者を教育することや平和な世界の建設を目指すことを根本原則としてきたからであり，世界規模での平和や公教育の問題になれば，当然のように政治的な関わりが深くなっていくのである。「スポーツと政治は分離されるべきである」「スポーツに政治を持ち込まない」「スポーツは政治的に中立であるべきだ」などといわれるが，スポーツを通じて政治的に友好関係が深まることもあれば，スポーツを通じて国家間の関係が劣悪になることもある。

　1972年に第20回ミュンヘン大会が西ドイツ（現在のドイツ）で開催された時には，パレスチナ・ゲリラの「黒い9月」が選手村のイスラエル選手団を襲撃して，イスラエルのレスリングコーチとウェイトリフティングの選手2名を殺害し，イスラエルに収監されているパレスチナ・ゲリラの解放を要求して，9人を人質に捕って立て籠もった。西ドイツ当局の救出作戦は失敗し，銃撃戦の末，人質9人全員と警察官1人，ゲリラ5人が死亡するという凄惨な結末となった。この事件は，結局はオリンピックというスポーツ・イベントとこれに参加した選手や関係者の命が，政治的対立に巻き込まれた形となったの

である。

　また，1980年にソビエト（現在のロシア）で開催された第22回モスクワ大会では，世界が東西冷戦の様相を呈すなか，ソビエトがアフガニスタンに侵攻したことを受けて，アメリカを中心とする西側諸国が激しく反発し，アメリカをはじめとする日本，西ドイツ，カナダ，韓国など50か国近くの国がボイコットした。続く1984年の第23回ロサンゼルス大会では，前回のモスクワ大会の西側諸国の集団ボイコットに対する報復として，ソビエトを中心とする東側諸国の東ドイツ，ポーランド，チェコスロバキアなど16か国がボイコットした。これらは，イデオロギーを中核とした政治の大規模なスポーツへの介入であり，政治的な報復にスポーツの場が利用されたものである。

　一方，1974年にオリンピック憲章から「アマチュア」という言葉が削除され，スポーツの商品化を促す契機となったことも，政治的な動きと密接に関係している。「アマチュア」という言葉が削除された次の大会である第21回モントリオール大会（1976年）では大赤字を抱えた結果，その後のオリンピックの運営方法や規模についても多くの課題を残すことになった。1984年の第23回ロサンゼルス大会では，公的な税金の投入を避け，アメリカの主導する大企業のスポンサーシップに支えられた商業主義的経営によって完全民営化に成功し，協賛金においては総額 1 億3,000万ドルに達し，大会決算の黒字総額は 2 億2,300万ドルに達して空前の成功をおさめた。この新しいオリンピックの運営方式は，当時のロサンゼルス大会の組織委員会委員長ピーター・ユベロスの名をとって，ユベロス方式と呼ばれ，その後のオリンピックやサッカー・ワールドカップなどの世界規模のスポーツイベントのマーケティング方式を決定づけることになった。以来，スポーツの競技会はビジネスに値するものとして資本家に注目され，商業化・巨大ビジネス化の路線が定着したことで，開催地招致をめぐる贈収賄，放映権料の高騰，メディアの介入，ドーピングの頻発や悪質化などスポーツを取り巻く様々な問題が噴出する結果となった。そして，アマチュア・スポーツの象徴であったオリンピックも，このアメリカ型のスポーツ観と時代の流れによって大きく改変していった。20世紀後半に見せた新聞，ラジオ，テレビ，インターネットなどのマスメディアの世界規模での爆発的な普及により，スポーツは大衆文化として確立し，また自らが行うスポーツか

ら，見て楽しむショー・スポーツまで，多様な価値観の中でスポーツが生活と密着するようになった。そして，多くの企業がこぞってその宣伝効果に着目し，巨額のコマーシャル料を支払ってスポンサーになることで，スポーツ界でもまた，財政に大規模な革命が引き起こされた。

　このような商業主義と切っても切れない関係になった現在のスポーツは，かつてないほどの隆盛を見せているが，スポーツの中のショー的な部分が人々の関心事となりつつあり，その宣伝効果を政治的・商業的に最大限利用しようとする傾向は，政治的な問題やドーピングの問題などを引き起こす引き金ともなっており，警鐘を鳴らす人々も多くいる。

　一方で，オリンピック開催と関連して，ポジティブな政治的活動も見られる。2014年に始まり，2020年に開催される東京2020オリンピック・パラリンピック競技大会までの7年間にわたって実施される，「スポーツ・フォー・トゥモロー（SPORT FOR TOMORROW）」である。日本の外務省とスポーツ庁が主導し，日本スポーツ振興センターが官民連携コンソーシアムの事務局となって，「世界のよりよい未来をめざし，スポーツの価値を伝え，オリンピック・パラリンピック・ムーブメントをあらゆる世代の人々に広げていく取組み」である。わが国の政府が推進する，スポーツを通じた国際貢献活動であり，開発途上国をはじめとする100か国・1,000万人以上を対象として（2014年1月〜2018年3月までの実績・会員数は，支援実施国・地域は202か国・地域に及び，裨益者数は6,643,308人），ハード・ソフト両面からのスポーツを通じた国際協力及び交流を促進，将来の国際スポーツ界のリーダーを育成するための国際スポーツ人材育成拠点の構築，国際的なアンチ・ドーピング推進体制の強化支援などを展開している。このような活動は，まさにスポーツを通じた政治的な外交活動であり，わが国と開発途上国との友好関係を橋渡しするとともに，国際的なスポーツ振興を推進する活動であるといえる。

　これまで見てきてわかるように，もともとスポーツと政治には深い関わりがあり，特にワールドワイドに展開する現代のスポーツにおいては，スポーツと政治は無関係というわけにはいかない。これまでのスポーツの歴史と現状を踏まえて，今後どのようにスポーツと政治が関わっていくのか考えていくことが，次なる時代に適合したスポーツ文化を醸成していく上で必要になるであろう。

15　現代スポーツへの道程

　20世紀に見せた「スポーツ」にかかわる国際交流は，その地理的・社会的範囲を拡大して各国の身体運動文化や運動競技を吸収し，意味や内容にも多義性を生み出しながら発展してきた。さらに21世紀を迎えてから現在までの間に，この「スポーツ」という言葉には，その意味だけでなく様々な内容・捉え方・考え方が含まれてきており，国際的なレベルで概念の統一や共通理解を確立させる必要が生じてきている。

　その「スポーツ」を語源からたどってみると，紀元前5世紀頃のラテン語動詞 deportare にまで遡ることができる。この deportare の de- は英語でいうところの away を意味し，portare は carry を意味することから，本来は「ある場所から他の場所へ物を移動させる」や「人が移動する」ことを意味した。その後，古フランス語の desporter や deporter に至るころには，移動の対象はモノだけではなくこころや状況までも含む意味へと広がり，「心をある状態からそうでない状態へ移す」つまり「日常生活から移動する，気晴らしをする，気分転換をする，休養する，楽しむ，遊ぶ，喜ぶ，慰み」という意味を内包するようになった。中世フランス語では desport となり，14世紀頃の中世イギリス語でも disport や desport という言葉に使用されるようになり，15～16世紀に接頭辞 di- や de- が取れて sport に至ったとする説が有力である。よって，本来的に sport の動詞形の中には「遊ぶ」という原義が含まれており，スポーツの本質は，語源的にみれば余暇を利用したあくまで自由な領域にある「遊び」や「楽しみ」であり，何かの目的のために行われるものではなく「非実用的でそれ自体のために追求される身体的・精神的な活動」であるといえよう。これは現在でも受け継がれている。その後，18世紀頃までは「スポーツ」は主として貴族や上流階級の間で行われた「狩猟」などの野外活動を意味し，民衆の間で行われていた「気晴らし」や「楽しみ」「遊び」などは「ゲーム」と呼ばれていた。この「ゲーム」は，1760年代の産業革命以降に台頭してきた中産階級によって，組織化や競技化が進められ，「スポーツ」の中

に組み込まれていった。

　わが国では，江戸時代以前に海外から移入された運動文化をみると，古い時代に中国や朝鮮から持ち込まれたものがいくつか見られるが，それらはわが国の文化の中で徐々に日本風に熟成されていった。江戸時代は，基本的に鎖国政策をとっていたため，公にはオランダ・中国・朝鮮通信使を通じて（非公式に間接的にロシアや琉球などからも）若干海外の文化が入ってきているが，市民レベルでは基本的に欧米の文化はほとんど入り混じることはなかったといってもよかろう。よって，江戸時代以前のわが国では，いわゆる「近代スポーツ」やその原型となっている西洋的な「スポーツ」が行われることはほとんどなかったと考えてよい。明治時代になって，わが国が日本の伝統的な流れを踏襲しつつ，様々な文化を移入するようになったとき，「スポーツ」も海外の新たな身体運動文化として受け入れられ，青年層や少年層に広く普及していったのである。とくに，イギリスやアメリカの学生たちをモデルとした旧制高校や帝国大学の学生の課外活動として広まりをみせ，1887（明治20）年頃からは，競技会などの規模も拡大し，盛んに行われるようになった。しかし，明治時代には未だ「スポーツ」という言語習慣は日本人の間にはなく，「体育」「遊戯」「娯楽」「競争」などの言葉が使われることが一般的であった。

　わが国で「運動競技」を意味する言葉として「スポーツ」という言葉が初めて使われたのは，大正初年の新聞で，1925（大正14）年になってようやく「スポーツ」という言葉が国語辞典（『広辞林』）に登場し，社会通念として定着した。よって，民間人が一般に「スポーツ」という言葉を使い始めたのは，昭和（昭和元年＝1926年）に入ってからと考えてもよいであろう。

16　21世紀スポーツの未来と展望

　現在，「スポーツニュース」「スポーツドリンク」「スポーツウェア」のように，「スポーツ」という言葉は，われわれの生活に完全に密着している。一般大衆へ向けて発信される新聞各紙やテレビ番組でも，かなりの割合で「スポーツ」を取り扱っているし，スポーツが苦手だという人でも，「スポーツドリン

ク」を飲んだり，「スポーツウェア」「スポーツシューズ」などを愛用しており，もはや「スポーツ」は，われわれの日常生活においてなくてはならないものになっている。

　現在わが国で広く使われている辞書では，「スポーツ」は「陸上競技・野球・テニス・水泳・ボートレースなどから登山・狩猟などにいたるまで，遊戯・競争・肉体的鍛錬の要素を含む身体運動の総称」（『広辞苑』第7版）とされ，広範な身体活動を包括する言葉として使用されているが，その意味・内容は固定的でなく，時代や社会の慣習によっても様々である。また，語源的にも，「スポーツ」は遊びや休養，娯楽生活のありかたとも深くかかわっており，人によっては競争を重視し，他の人は気晴らしを重視するというように，この言葉を使う人々の生活習慣と関連して多義的である。「Sport」の語源的意味から，必ずしも身体活動を伴わないチェスやカードなども「マインド・スポーツ（頭脳スポーツ）」として広義に「スポーツ」と捉える見方もあり，実際，2010年に開催された第16回アジア競技大会では，スポーツ種目として，ブリッジ，シャンチー（中国象棋），囲碁，チェスなどが実施競技になっている。また，昨今の動きとして，2017年4月17日には，アジアオリンピック評議会（Olympic Council of Asia = OCA）が，2022年に中国・杭州で開催される第19回アジア競技大会（アジア大会）で，e-Sport を正式なメダル種目として採用することを発表し，2018年にジャカルタ／パレンバンで開催された第18回アジア競技大会では，公開競技として e-Sport の試合が行われている。e-Sport が公式種目になるためには，国際的な競技団体が必要という意見もあるが，2017年には，国際オリンピック委員会（IOC）が e-Sport を「スポーツとして認められる」と宣言し，競技化に前向きの姿勢を見せていることから，今後，スポーツの様相や認識は大きく変わっていくことだろう。

　近代スポーツ以来受け継いできた「スポーツ」に対する価値観は，近代ヨーロッパの精神に裏づけられたものであり，自由競争の原理のもと，超人的な体力や超絶的な技術や戦術を評価するものである。つまり，人類の中で誰が一番優れた身体的能力を有しているか，誰が一番スーパーマンかというところに価値を見出してきたのである。その傾向が顕著になればなるほど，人々を魅了する一方で，それを具現化できるのは限られた人々になっていく。よって，そこ

には「自ら行うスポーツ」から「見て楽しむスポーツ」を嗜好する傾向が生まれてくるのである。今の日本では，多様な価値観のなか，健康志向の高まりからスポーツに関心を寄せる人が増えたが，「肉体の証拠」を見せつけることにその価値を見出す近代スポーツの延長線上にある競技スポーツは，見て楽しむことはできても，自ら行いその成果や価値観を共有することはかなり限定され，難しい。競争や勝敗の結果によってその優劣を競ったり，パフォーマンスの高度化を競うという価値観を重視するだけのスポーツ観は，もはや古い過去のものになりつつあるのかもしれない。このような時代になって，ようやく近代スポーツの次の段階である「ニュースポーツ」の模索が始まっている。そこでは，「ニュースポーツ」を近代スポーツの補完物として位置づけたり，アンチ・テーゼとして位置づけるものではなく，むしろ，近代スポーツをも包含しつつ，新しいスポーツ文化の可能性を模索しようという姿勢が見られる。

　近代スポーツが身体性に重きを置き，数量的に合理化・序列化することに走り，目に見えるものを評価して発展してきたものであるのに対し，現在は，それをも含めた目に見えないもの（こころ）への比重も徐々に大きくなっている。これは，「こころ」にのみ着目するというものではなく，身体を通して引き起こされる「こころ」と「からだ」の変化に視点をあてる，「身」を優先させた身心観である。つまり，「からだ」を通して「こころ」に到達する身体技法の重視なのである。このような身心観は，東洋の身体技法（たとえば，ヨーガや禅など）に以前から見られたものであるが，現代の社会とスポーツの発展過程の中で，今後，向かうであろうスポーツの方向性として注目されている。このような立場から，スポーツを考えるとき，競争原理に則った競技スポーツ以外に，どんなタイプ，どんな能力でもかかわっていける，内観的な取り組みに重きを置く「やさしいスポーツ」「やわらかいスポーツ」などのニュースポーツもまた，重要な位置を占めるようになるであろう。

　スポーツを享受する私たちは，スポーツの本質的な意味や，世界的に展開している多様なスポーツの価値観を理解しながら，様々な角度からスポーツについて考えていくことが求められる時代になっているのである。

第4章　レクリエーションとスポーツ

　日本は少子高齢化が進み，社会の変革，意識の変革が求められている。まず，高齢化によって定年退職後に残された人生がこれまでになく長くなり，定年退職は「社会からのリタイア」ではなく「第2の人生のスタート」という意識が定着しつつある。それに伴って，単に長生きして寿命を長くすることよりも，健康寿命，つまり健康な体で生きられる期間をいかに長くするかにも注目と関心が集まっている。

　かつてわれわれの親や祖父母の世代が，豊かさを得るため必死になって働いてくれたとすれば，最近は国民の1人1人がそれぞれ，生きることの意義や価値，あるいは個性的な生き方を追求し，さらに価値観の多様化に伴う周囲の多様性を認め合いながら生きる方向へと社会も，また国民の意識も変わりつつある。

　その背景には，必死に，がむしゃらに働くことが一種の美徳のように考えられていた時代が過ぎ去り，そのマイナス面が表面化したことも影響しているだろう。つまりがむしゃらに働くとはいっても誰もがそのようにできるわけではないし，また1990年代の就職氷河期の影響で安定した職場を得られなかった世代が，自らの望む仕事に就けないまま中年から高齢に向かいつつあることも影響しているのではないか。さらに働き過ぎや職場への不適応などによる極度のストレスから精神を病んでしまうケースも90年代から徐々に増加し，それが2000年以降になると社会問題化している。つまり仕事を何よりも優先して第一に考え，そこに自らのアイデンティティを見いだす意識から，人間としての幸福や生きがいをより重視する考え方が力を得ているのである。

　同時に，ここ20〜30年の間に定着した週休2日制からさらに一歩進み，昨今では，働き方改革だとかワークライフバランスなどの言葉も定着した。つまり現役世代も単にがむしゃらに働くのではなく，夫婦，あるいは親子，また時には三世代が共に過ごせる時間を十分に確保してこれを大切にし，真に人生の

生きがいを感じ，実感しながら充実した人生を生きることが求められている。幸福とは何かという問題については多様な考え方があろうが，それがいかなるものであれ，結局は生活の中における心のゆとりと喜び，そしてそれを保障する時間的なゆとりが必要になるだろう。その時間的ゆとりを有意義に活かす1つの方法としてレクリエーションが，そしてその内容としてのスポーツに対する期待が高まっているといえる。

　そこでこの章では，レクリエーションなどの言葉の意味や意義，そしてそれとスポーツとの関係について，日本人の生活の実態などと合わせて振り返り，同時に生涯スポーツについても考えてみることにする。

1　レクリエーションとは何か

　レクリエーションという言葉は，最近では誰もが何気なく使うことからわかるように，専門的な用語としてではなく，完全にわれわれの日常生活に定着している。その辞書的な意味は，たとえば『広辞苑』を見れば「仕事や勉強などの疲れを，休養や娯楽によって精神的・肉体的に回復すること。またそのために行う休養や娯楽」と記載されている。つまりレクリエーションの目的は「仕事や勉強のために疲れた精神と肉体を回復させること」にあり，そのための「休養」や「娯楽」，あるいはその時に行う活動のことを言うようである。またそこには単に精神や肉体の回復のための休養や娯楽にとどまらず，より積極的に楽しみ（娯楽）を求めるという「積極的休養」が意識されているという（日本レクリエーション協会，2011，10頁）。つまり各自が明日の仕事や活動に向けた活力を取り戻すため，積極的に休養を取ればそれはレクリエーションになり，あるいは何らかの娯楽を行えばそれもレクリエーションになるということだ。

　よく似た用語としては「余暇」や「レジャー」などがあげられる。『広辞苑』で調べると，余暇とは「あまった時間。いとま。ひま」とあることから，「時間」を意味する概念と考えられる。また「レジャー」は「余暇。仕事のひま。転じて，余暇を利用してする遊び・娯楽」とある。つまり余暇は「時間」が念頭にあるのに対し，「レジャー」は，本来は余暇と同じ意味だったが，そ

れがあまった時間に行う遊びや娯楽という意味に広がったようである。これら
の目的についてフランスの社会学者デュマズディエは，余暇には「休息」「気
晴らし」「自己開発」の3つの機能があると説明している（同上，13頁）。

　以上のように考えると「余暇」「レジャー」「レクリエーション」には時間概
念，活動概念という違いはあるものの，そこから転じて互いに重なりあう意味
が生じたようにも感じられる。そこで日本レクリエーション協会はこれらの関
係について以下のように図示して整理している（同上，15頁）。

2　レクリエーションに期待されること

　レクリエーションには，提供される側（生活者）と支援する側（支援者）と
いう2つの側面がある。そのそれぞれに期待される内容について，日本レク
リエーション協会は次のように説明している（同上，25頁）。

（1）生活者として
①コミュニケーションの促進
　誰もが，学校や職場，地域で，レクリエーションとしての様々な行事や活動
に参加した経験があるはずである。それらの行事に参加することによって，ふ
だん顔は知っていても話をしたことのない人や，あいさつ程度のつきあいは
あっても，その人がどのような性格でどのようなことができるかなど，周囲の
人とのコミュニケーションを通じて様々な発見をすることがよくある。このよ
うなコミュニケーションの促進に様々なレクリエーションが活用されている。
②健康づくり
　最近は，地域交流を目的とした運動会，ニュースポーツの大会や教室，生活

習慣病予防のためのウォークラリーなどが各地で行われている。これらの行事やイベントを通じ，ふだん身体を動かすことのない人や運動の苦手な人がスポーツに接する機会を得ることができる。レクリエーションはそのような人たちに，スポーツや運動を親しみやすい形で提供することが期待されている。

③ライフスタイルの充実

私たちは，日常の余暇時間に，様々な趣味，文化，芸術，スポーツ活動を楽しんだり，自己啓発のためのカルチャー教室や生涯学習講座などに参加したりする機会も多いだろう。それによって年齢に関係なく新たな知識を得たり，多くの知人を得て，生活や人生をより充実したものにするためにレクリエーションが大いに役立っている。

④地域作り

レクリエーションは上記のようにコミュニケーションを促進すると同時に，多くの地域で昔からある伝統的な祭りや行事，あるいは新しい住宅地で季節の行事などとしても行われている。それによって，周辺に住む外国人などにも地域の一員としての自覚をもってもらい，つながりを拡大し，地域を広げ基盤を築いていくことがレクリエーションに求められている。

(2) 支援者として

①高齢者・障害者の自立・自律支援

高齢者福祉施設などでは，身体の機能回復や社会性の向上などを目指して，歌や遊技，簡単なゲームや体操，ニュースポーツなどがレクリエーションとして行われている。このようにレクリエーションは今や，高齢者や障害者のためになくてはならないものとなっている。

②子供たちの育成

学校では，従来からの様々なスポーツはもちろん，最近は様々なニュースポーツも紹介され，教育に活用されている。また学校にとどまらず，地域でも子供たちを対象とした活動が幅広く行われている。これらは教育や学習を前面に出すのではなく，レクリエーションとして，楽しい活動として行われている。

③地域文化の継承

古い歴史をもつ地域にやってきた新しい住民と交流するため，あるいは子供

たちの体験活動として，様々な地域芸能が行われることがある。また地域の食文化や手仕事文化などにも注目し，ウォークラリーなどの機会に，住民が地域の文化に触れあう場が設けられることもよくある。このように地域の文化を継承するという役割も，レクリエーションには期待されている。

④環境教育・環境保全

キャンプやウォーキング，サイクリングを通じて自然の豊かさやありがたみ，あるいは危険な側面を学び，実感することができる。さらに農業体験などを通じて，ふだん食している農作物がどのように生産されているかを知ることもできる。このように，自然の大切さ，さらにそれを守ることの大切さを，自然体験学習やレクリエーションを通じて学ぶことができる。

3　レクリエーションとスポーツ

スポーツという用語は，欧米から日本に輸入され定着した。その本来の意味は運動競技としてのスポーツのほかに，「気晴らし」「趣味」「楽しみ」「賭け事」「冗談」「戯れ」などの意味もあった（本書3頁，42頁を参照）。一方で，日本にも古来から様々な武芸があったが，それらはいわゆる戦（いくさ）において敵を殺害するためのスキルという意味合いがある一方，江戸時代にはたとえば文武両道だとか文武不岐などと言われ，武芸のスキルを磨くことで精神を鍛えるといった意味合いもあった。その点でスポーツと武芸は，その意味合いや目的が根本的に異なるのは間違いない。ところが明治，大正時代に欧米から多くの競技スポーツが取り入れられると，武芸で精神を鍛錬するのと同じ考え方から，スポーツにも，精神を鍛錬するいわば苦行的な側面が強調された。それは1980年代まで幅をきかせていたし，今もそのような考えを持つ人は多いだろう。一方で，レクリエーションとして行われるスポーツは，軽スポーツ，簡易スポーツとかいった名称がつけられ，いわば入門段階，あるいは競技後の気晴らしと考えられてきた（日本レクリエーション協会，同上，14頁）。

1980年代後半になると「生涯スポーツ」という概念が登場し，スポーツをレクリエーションなどに積極的に取り入れる考えが広がってきた。さらに

1990年代以降はニュースポーツという考え方も登場した（同上，44-45頁）。これは一般人には到底できるものではない競技スポーツを，誰もが気軽に，簡単に楽しむための工夫でもあった。さらに日本では少子高齢化の進展に伴い，社会福祉などの現場でも，レクリエーションの手段としてスポーツを応用した軽スポーツに注目が集まっている。

このようにスポーツをいわゆる「競技スポーツ」に限定せず，レクリエーションやリハビリ，健康維持などのために取り組む動きが顕著になり，今や登山やハイキング，さらには個人で行うジョギングやウォーキングも，スポーツの範囲に入りつつある（同上，7頁，44頁）。そうなればレクリエーションにおいても当然，スポーツが非常に重要な位置を占めるようになり，コミュニケーションの促進や地域作りなどに大きな役割を果たすことができる。

スポーツを楽しむということを考えた場合，最近は健康・体力作り，気晴らしなどを目的に実際に行う「するスポーツ」，プロスポーツなどを実際の競技場やテレビ，インターネットなどを通じて見て楽しむ「みるスポーツ」，さらに大会や試合の役員やボランティアとして運営に携わり手伝いを行う「ささえるスポーツ」という考え方が一般化しつつある。それと同時に，レクリエーションという現代社会において大きく期待されている分野，つまりコミュニケーションの促進や子供の育成，地域社会づくりや伝統継承などにおいても，スポーツが重要な位置を占めつつあることを理解しておかなければならない。

4　日本人のスポーツ活動の現状

それでは，日本では，競技スポーツの選手ではない一般人の場合，レクリエーションや余暇活動として行われているスポーツ活動の実態はどうなっているのであろうか。それを知るには，スポーツ庁が毎年公表している「スポーツの実施状況等に関する世論調査」が参考になるだろう。参考に令和2年11月に調査された結果を紹介すると「この1年間に行った運動・スポーツの種目」は「ウォーキング」が64.1%で性別や年齢層に関係なく1位となっており，続いて「体操」が15.2%，トレーニングが14.4%の順となっている。性別

と年齢ごとの上位3位は表4-1の通りであるが，調査は毎年行われているので，常に最新のデータをチェックしておくのが望ましい。

この調査によると「この1年間における週1日以上の運動実施率」は56.5%で，うち「週3日以上」は30.4%。性別では男性が女性よりも高く，年齢別では10代から40代にかけて低くなり，40代を底に高年代ほど割合が高くなる傾向にある。

「この1年間に運動を行った理由」は全体では「健康のため」が76.2%で最も多く，続いて「体力増進・維持のため」52.0%，「運動不足を感じるから」48.1%となっている。この3項目は性別や年齢に関係なく常に上位を占めている。

ここからわかるように，現代の日本では国民の半数以上が週1日，およそ3分の1が週3日以上運動を行っており，その理由も健康や体力増進，運動不足などが常に上位を占め，まさに健康意識の高まりを反映しているようである。また以前とは違ってスポーツに取り組むことに対して国民が感じる心理的なハードルが低くなったことも，多くの国民がスポーツに取り組むようになった要因として挙げられるのではないか。前述のように数十年前まではスポーツと言えばアスリートが行う競技スポーツだったが，最近はスポーツ庁の鈴木大

第4章 レクリエーションとスポーツ

表4-1 この1年間に行った運動・スポーツの種目（上位3位抜粋）

年齢	第1位		第2位		第3位	
	男性	女性	男性	女性	男性	女性
20代	ウォーキング (61.7%)	ウォーキング (71.6%)	ランニング等 (35.3%)	階段昇降 (19.1%)	トレーニング (26.8%)	トレーニング (18.1%)
30代	ウォーキング (61.4%)	ウォーキング (65.3%)	ランニング等 (30.3%)	体操 (17.0%)	トレーニング (24.9%)	エアロビクス等 (14.5%)
40代	ウォーキング (59.8%)	ウォーキング (62.0%)	ランニング等 (21.6%)	体操 (16.6%)	トレーニング (16.0%)	エアロビクス等 (11.7%)
50代	ウォーキング (60.1%)	ウォーキング (60.1%)	ランニング等 (14.7%)	体操 (16.5%)	トレーニング (13.2%)	エアロビクス等 (11.4%)
60代	ウォーキング (66.9%)	ウォーキング (61.1%)	階段昇降 (13.0%)	体操 (20.8%)	体操 (12.6%)	階段昇降 (11.5%)
70代	ウォーキング (74.5%)	ウォーキング (67.8%)	階段昇降 (15.6%)	体操 (26.5%)	体操 (17.1%)	階段昇降 (16.6%)

（スポーツ庁ホームページより http://www.mext.go.jp）

地長官（2017年当時）が語ったように，身体を動かすことがスポーツという考え方に変わりつつあり，スポーツの裾野が広がっていることも影響しているだろう（スポーツ庁ホームページ「日本スポーツの5カ年計画がスタート」より）。同調査において週に1回以上運動やスポーツを実施できていない者にその理由を問うたところ（複数回答），「仕事や家事が忙しいから」（39.9％），「面倒くさいから」（26.5％），「年をとったから」（23.8％）の順となっており，スポーツそのものに対する心理的なハードルが要因ではないことが逆に明らかになっている。

　ただその一方で現在の運動・スポーツ実施状況への満足度は「もっとやりたいと思う」が47.3％で，「満足している」の17.7％を大きく上回っていた。これは性別による違いはほとんどないが，年齢別では満足している割合は70代が最も高く，30代と40代が低い。体力が低ければわずかの運動でも満足度が高いが，逆に体力が旺盛な時期はもっと多くの運動が望まれているようである。「もっとやりたいと思う」割合は20代・30代が高くなっている。

　これらからわかることは，ひと昔前に比べると最近は明らかに運動・スポーツが国民の間に定着し，多くの国民が運動・スポーツに取り組むようになったということである。

　またこの調査によると，性別や年齢に関係なくほぼ半数が「どちらかと言えば健康である」と回答しており，「健康である」と合わせると8割に達している。年代別に見ると，10代・20代で「健康である」とする割合が高く，50代を底に60代，70代とやや上昇している。運動頻度別にみると，運動頻度が高いほど「健康である」とする割合が高い傾向がある。

　この調査はほぼ毎年行われているため，日本人のスポーツ活動の実態を理解するにあたっては必ずその最新の内容や数値の推移などを確認しておいてほしい。

5　生涯スポーツとレクリエーション

　ライフステージという考え方から人生を振り返ってみると，青年期までは一

般的に自分の将来に向けた準備として勉学などの活動に打ち込むことができ，中年期あるいは壮年期は家庭的・社会的に大きな責任を持つ立場となり，自分よりも周囲を優先しがちになる。その後，高齢期になると，再び自分の時間を自由に使えるようになる。もちろん様々な区分の仕方はあるが，とりあえずライフステージについてはこの3段階に大きく分けて考えることができるだろう。それぞれの時期において社会的な責任や求められる立場が異なり，また余裕のある時間や経済力なども違ってくるだろう。そのため，それぞれの立場において，その時にしか味わえないことを味わい，体験できないことを体験し，良い経験もつらい経験も次の世代にしっかりと伝えていくことが大切である。それには家族はもちろん，地域や世代を越えたコミュニケーションや交わりがどうしても必要になる。その一方で，こうしたコミュニケーションの意義や価値が強調され，意識されていることは，逆に考えればそれらが今の社会に欠如していることの表れかもしれないのである。そう考えると，やはりレクリエーションあるいはスポーツ，なかでもライフステージをまたいで行われる生涯スポーツの大切さや重要性を，われわれは改めて考え，意識しなければならない。

　このことは，上記のスポーツ庁による調査にも表れている。運動・スポーツがもたらす価値については「健康・体力の保持増進」が76.5%で最も高かったが，その次は「人と人との交流」が50.3%，「精神的な充足感」が44.6%という順になっていた。

　また，運動頻度が高いほど，地域社会と「付き合っている」とする割合や日常生活において「充実感を感じている」とする割合が高い傾向にあることも明らかになっている。

　さらに内閣府による「国民生活に関する世論調査」（令和3年9月調査）によると，今後の生活において，特にどのような面に力を入れたいと思うかという質問に，全体では「健康」が69.5%と最も高く，以下，「資産・貯蓄」（37.9%），「食生活」（36.1%），「レジャー・余暇生活」（33.0%）などの順となっている（複数回答，上位4項目）。年齢別，性別の上位3位は，表4-2の通りである。

　ここからわかることは，若い時には「所得・収入」「資産・貯蓄」が男女ともに主な関心であるのに対し，「レジャー・余暇生活」は男女とも若い時は4位以下であるのが，40歳以上になると2〜3位にランクが上がっている。つ

まり性別に関係なく，人生の集大成の時期においては，多くの人が生活に豊か
さや余裕を求めるようになることがわかる。

　本書においても様々な章において，健康で幸福で充実した人生を送るには，
スポーツや身体運動，さらにそれに関連する知見・知識を習得することの必要
性を説いている。それはすべてのライフステージにおいて，つまり人生のいず
れの段階においても，その時々に応じて必要になることがわかる。それには若
い時からスポーツに親しむことによって健康を維持・増進すると同時に，その
経験や知識を後世のために役立てることが必要である。さらに自らが高齢に
なった時も，あるいは生活のレベルに応じて充実した人生を送るにあたって
も，やはりスポーツに親しむことが大きくプラスになることが，これらの調査
からもわかるのである。

表4-2　今後の生活の力点

年齢	第1位		第2位		第3位	
	男性	女性	男性	女性	男性	女性
18-29歳	所得・収入 （63.3%）	所得・収入 （56.2%）	資産・貯蓄 （50.0%）	資産・貯蓄 （55.2%）	食生活，自己啓発・能力向上 （44.9%，同率）	食生活 （38.1%）
30-39歳	所得・収入 （65.2%）	健康 （61.5%）	資産・貯蓄 （62.0%）	資産・貯蓄 （59.0%）	健康 （51.1%）	食生活 （45.3%）
40-49歳	資産・貯蓄 （63.2%）	資産・貯蓄 （63.6%）	所得・収入 （47.2%）	健康 （63.0%）	健康 （46.5%）	レジャー・余暇生活 （35.2%）
50-59歳	健康 （65.7%）	健康 （79.9%）	資産・貯蓄 （50.9%）	資産・貯蓄 （48.8%）	レジャー・余暇生活 （42.6%）	食生活 （35.4%）
60-69歳	健康 （76.4%）	健康 （82.1%）	レジャー・余暇生活 （39.6%）	食生活 （38.7%）	資産・貯蓄，食生活 （25.7%）	レジャー・余暇生活 （33.3%）
70歳以上	健康 （85.7%）	健康 （87.9%）	食生活 （42.9%）	食生活 （48.0%）	レジャー・余暇生活 （29.3%）	レジャー・余暇生活 （20.1%）

（内閣府，2021）

第5章　ストレスと運動

　現代人は，ストレス社会の中で生活することを余儀なくされ，近代化により文明病や運動不足病とも呼ばれる生活習慣病を患うケースが多くなってきている。最近の研究では，適度な運動実施により身体的な健康の維持・増進を図ることが可能であるだけでなく，抗ストレス効果によるメンタルヘルスの向上も期待できることが報告されている。本章では，ストレスとは何かについて，また，ストレスと運動の関係について研究例を交えて概説する。

1　ストレスとは

　現代はストレスの時代と呼ばれている。職場のOA機器の発達やスマートフォンの普及などにより急激な情報化の時代に突入し，人々は膨大な情報を処理する座業中心の生活を強いられ，身体活動量の減少やストレスによる健康障害が多く見られるようになった。また，地域社会においても，不登校，いじめ，引きこもり等の学校や家庭でのストレスに関連する諸問題が増加し，年間の自殺者数が交通事故死者の3倍以上となったという残念な報告もある。

　この「ストレス」という言葉は，カナダの内分泌医学者のハンス・セリエ（1907-1982）が1930年代に初めて医学用語として用いて一般に普及した言葉である。セリエはストレスの定義を，「外界からのあらゆる要求に対する生体の非特異的な反応」とし，その反応を引き起こした刺激をストレッサーと定義した。彼は生体に何らかの障害が加わると本質的には共通の反応が現れると考えた。暑さ寒さといった外的刺激や連続的な内的刺激なども，それぞれに特異的な反応を起こすのではなく，からだでは同じ生体反応を起こすということである。このような反応を別名，全身（汎）適応症候群（General Adaptation Syndrome, GAS）とも呼ぶ。

　ストレッサーには主に３種類あり，暑さ・寒さなどの物理的ストレッサー，過労や感染などの生理的ストレッサー，人間関係や不満などの社会・心理的ストレッサーに分けることができる。これらのストレッサーを受けると生体は脳で快・不快を感じ，不快の場合はストレスが蓄積される（図5-1）。このことは，生体（人間）がストレッサーをどのように認知（判断）するか，つまり「心地よい」と捉えるか「不快」と捉えるかが，ストレス対処の糸口となることを示している。ストレスがたまると，趣味や運動によって健康的に発散することも可能だが，そうでない場合は不登校や反社会的などの行動化や，うつ病・神経症などの精神化，心身症などの身体化の症状を引き起こすことになる（図5-2）。

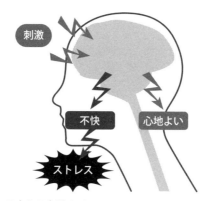

図5-1　**ストレスとは？**（日本人のストレス調査委員会，2003）

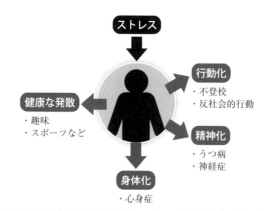

図5-2　**ストレス反応**（日本人のストレス調査委員会，前掲書）

　ストレスの強さを評価する指標として米国のHolmesら（1967）の社会適応スケールがある。発病に先行して経験した生活上の出来事を調査し，社会に再適応するためのエネルギーを数値化したものである（表5-1）。この表によると配偶者の死が100点，結婚が50点とされ，一般的には配偶者の死が人生で一番ストレスフルな出来事であることが理解できる。配偶者が亡くなったあとの1年後のつれあい死亡率は，そうでないグループと比較すると2倍であったというデータもある。また，過去1年間に経験した生活上のイベントの評点の合計が150点を超える場合には約半数が，300点を超える場合には実に約8割の人が，翌年に深刻な健康障害を経験するという。「病は気から」という言葉があるが，この調査結果はまさにそれを如実に示している。

表5-1　社会適応スケール（Holmesら，1967）

生活上の出来事	ストレス度	生活上の出来事	ストレス度
配偶者の死亡	100	子どもが家を離れる	29
離婚	73	親戚とのトラブル	29
別居	65	特別な業績	28
留置所拘留	63	妻が仕事を始める，あるいは中止する	26
親密な家族の死亡	63		
自分のけがや病気	53	学校が始まる	26
結婚	50	生活状況の変化	25
失業	47	習慣を改める	24
夫婦の和解	45	上司とのトラブル	23
退職	45	仕事上の条件が変わる	20
家族の一員が健康を害する	44	住居が変わること	20
妊娠	40	学校が変わること	20
性の問題	39	レクリエーションの変化	19
家族に新しいメンバーが加わる	39	教会活動の変化	19
新しい仕事への再適応	39	社会活動の変化	18
経済状態の変化	38	1万ドル以下の抵当か借金	17
親友の死	37	睡眠習慣の変化	16
異なった仕事への配置換え	36	家族が団らんする回数の変化	15
配偶者との論争の回数の変化	35	食習慣の変化	15
1万ドル以上の抵当か借金	31	休暇	13
担保物権の受戻し権喪失	30	クリスマス	12
仕事上の責任変化	29	ちょっとした違反行為	11

2 ストレッサーに対するからだの防衛反応

　からだは外界が変化してもできるだけ内部環境を一定に保とうとする。これを恒常性（ホメオスターシス）と呼ぶ。このような調整には，神経系・内分泌系・免疫系が重要な役割を果たしている。また，神経の中でも，からだの機能を調節している交感神経と呼ばれる自律神経の中枢は視床下部にあり，同時にホルモンの中枢でもある。

　ストレッサーにより，生体が危機的状況に陥った際には，危険から身を守るためのからだの防御反応が起きる。天敵と出会った動物は，自分の身を守るために闘うか逃げるか（Fight or Flight）の差し迫った行動の選択を強いられる。どちらの行動を選択するにしても，からだは活動するために戦闘態勢を整える必要が生じる。感覚器官の興奮が脳に伝えられると，神経末端からノルアドレナリンという神経伝達物質が分泌され，不安や恐怖などの感情が引き起こされる。神経の興奮は，脳の視床下部に伝えられ，交感神経と呼ばれる自律神経が緊張し，ストレスホルモンと呼ばれる副腎皮質ホルモンを分泌する内分泌系や免疫系の機能を促進する。

　警戒心により覚醒レベルが高まり，瞳孔が開き，肝臓ではブドウ糖が生産され，酸素を取り込むために気管支は太くなり，栄養と酸素を含んだ血液を全身に送り込むために呼吸，心拍数が速くなる。戦いで負傷した際の出血を予防するために末梢血管が収縮し，手足が冷たくなる。また，消化器の活動が抑制され排尿や生殖器の活動も停止する。

　このような一連のからだの防衛反応は，生体の自然な反応と考えられている。しかし，ストレッサーの刺激が長期に及ぶなどして，身体の対応能力を超えると，ストレス疾患と呼ばれる病気が生じることになる。自律神経は様々な臓器と関係が深く，ストレス疾患と呼ばれるものがあらゆる臓器に起こりうることが理解できる（図5-3）。さらに，ストレスは内分泌系や免疫系などにも影響するため，心身症を含む多種多様な障害や疾病を引き起こす（図5-4）。

　北米ストレス行動学会による，うつ病に関する魚を使った興味深い研究例が

ある。ゼブラフィッシュを水槽に入れ，その中に天敵である魚のリーフフィッシュを入れて1か月間飼育したところ，初めは活発に泳ぎ回っていたが，ある時期を境にうつ状態となり，水槽の下でじっとしているようになった。そのリーフフィッシュのストレスホルモンの量を調査してみると，通常の2倍を超える量が検出され，過剰なストレスホルモンが脳の神経細胞にダメージを与えたのではないかと考えられている。生体の防衛本能が長期間のストレッサーにより，仇となった例といえる。

第5章　ストレスと運動

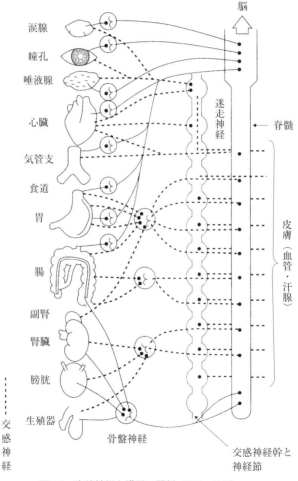

図5-3　自律神経と臓器の関係（津田，2003）

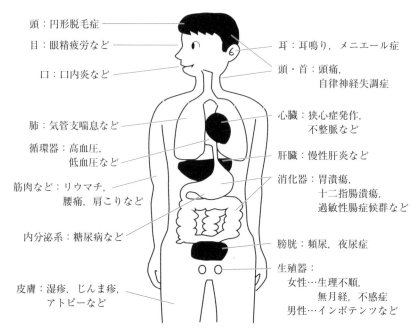

頭：円形脱毛症

目：眼精疲労など

口：口内炎など

肺：気管支喘息など

循環器：高血圧，
　　　　低血圧など

筋肉など：リウマチ，
　　　　　腰痛，肩こりなど

内分泌系：糖尿病など

皮膚：湿疹，じんま疹，
　　　アトピーなど

耳：耳鳴り，メニエール症

頭・首：頭痛，
　　　　自律神経失調症

心臓：狭心症発作，
　　　不整脈など

肝臓：慢性肝炎など

消化器：胃潰瘍，
　　　　十二指腸潰瘍，
　　　　過敏性腸症候群など

膀胱：頻尿，夜尿症

生殖器：
　　女性…生理不順，
　　　　　無月経，不感症
　　男性…インポテンツなど

図5-4　ストレスによってからだに現れる症状（文部科学省ホームページより）

3　ストレス反応

　セリエは，ストレッサーが加えられた後の反応を「ストレス反応」または「全身（汎）適応症候群（GAS）」と呼び，その反応は，時間の経過とともに以下の3つの相に分類されるとした（図5-5）。

　①警告反応期

　ストレッサーが加えられた直後に起きる反応で，抵抗力が低下するショック相を経て，抵抗力が高まる抗ショック相へと変化する。ショック相ではストレッサーに突然さらされた状態でショックを受けている時期である。身体活動が低下し，抵抗力は正常値より低下する。ストレッサーが持続すると「闘うか逃げるか」の戦闘態勢を整えて抗ショック相に移行する。抗ショック相では，

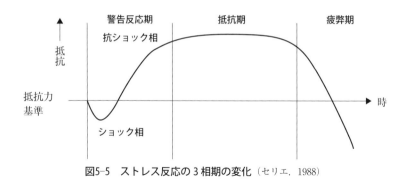

図5-5 ストレス反応の3相期の変化 (セリエ, 1988)

アドレナリンが分泌され交感神経系の活動が促進され，覚醒，活動水準が高くなる。この時期にはストレスの原因となるストレッサーに対する抵抗力が付いているだけでなく，他のストレッサーに対する抵抗力も増加する。

②抵抗期

ここでは，ストレスホルモンの副腎皮質ホルモンなどが分泌され，からだの抵抗力が高まり，ストレッサーに対して生体が安定している状態にある。また，この時期にはストレスの原因となるストレッサーに対する抵抗力は強いが，他のストレッサーに対する抵抗力は弱い状態となる。

③疲弊期

さらに長期間ストレス状態が続くと，適応のエネルギーが枯渇した状態となり，生体はもはや適応状態を維持できなくなる疲弊期へと移行する。適応力の消失は適応エネルギー（ホルモン）の低減を意味し，生体のあらゆる生理的現象はショック相と同様に低下し，ついには死亡してしまうという。

近年，労働環境の悪化による「過労死」が問題視されているが，休みなく働くためにストレス状態が長期間継続し，上記の疲弊期の状態になっていると考えられる。残念なことに，国際的には働き過ぎて死亡するという概念はなく，この「過労死」という言葉は "KAROSHI" と英訳されている。

第5章 ストレスと運動

4　日本人のストレスの実態

　日本人の男女1,800人を対象とした NHK のストレス実態調査（2002）の13項目（図5-6）に対する回答（図5-7）によると，多くの人が経験していた症状は，順に「疲れ気味である」,「肩こり・頭痛がする」,「ちょっとしたことでもイライラする」,「下痢・便秘をしやすい」であり，逆にあまり経験しなかった症状は「食欲低下」,「なかなか眠れない」,「何事にも関心が持てない」,「ユーモアや冗談は言えない」の順であった。

　また，13項目のチェックシートの合計点数の平均は8.2点で，ストレス該当者の割合は，合計点数14～15点の「ストレスの度合いが強い」が20％，9～13点の「やや強い」が25％，3～8点の「やや弱い」が36％，0～2点の「弱い」が19％で，全体の45％が強いストレスかやや強いストレスを感じていたと報告している。読者の皆さんも，ぜひ現在のストレスを図5-6の説明に従ってチェックしてみて頂きたい。

　さらに，1,095人を対象とした，ストレス発生源であるストレッサーに関する調査では，順に「先の見通しが立たない」,「老後の生活への経済的な心配がある」,「家計にゆとりがなくなった」,「歳をとることによる心身の衰えを感じる」の4項目が上位を占め，高齢化社会の到来や経済的デフレ不況という現代社会の状況を示したものであった。

あなたの現在のストレス度チェック

Q）この数週間の，あなたご自身の状態についてお答えください。
下にあげた13項目について，あてはまる数字を右の枠に書き入れ，最後に合計してください。

　　2点→あてはまる　1点→どちらともいえない　0点→あてはまらない

①ちょっとしたことでもイライラする	点
②ユーモアや冗談が言えない	点
③気分が沈みがちである	点
④なかなか眠れない	点
⑤普段なら何でもないことに過敏になる	点
⑥将来に希望がもてない	点
⑦何事にも関心がもてない	点
⑧何をするのも億劫だ	点
⑨疲れ気味である	点
⑩ずっと緊張している	点
⑪肩こり・頭痛がする	点
⑫下痢・便秘をしやすい	点
⑬食欲が低下してきた	点

合計　[　点　]

★あなたの合計点が，0〜2点ならストレス度は「弱い」，3〜8点なら「やや弱い」，9〜13点なら「やや強い」，14〜26点なら「強い」と判定できます。

図5-6　ストレス度チェック（日本人のストレス調査委員会，前掲書）

第5章　ストレスと運動

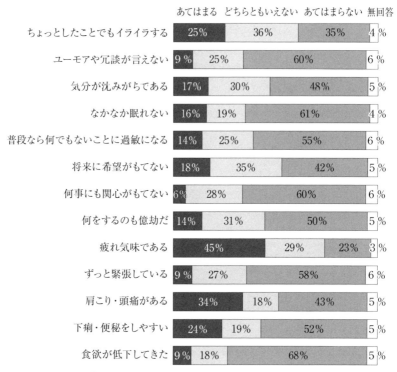

あてはまる どちらともいえない あてはまらない 無回答

	あてはまる	どちらともいえない	あてはまらない	無回答
ちょっとしたことでもイライラする	25%	36%	35%	4%
ユーモアや冗談が言えない	9%	25%	60%	6%
気分が沈みがちである	17%	30%	48%	5%
なかなか眠れない	16%	19%	61%	4%
普段なら何でもないことに過敏になる	14%	25%	55%	6%
将来に希望がもてない	18%	35%	42%	5%
何事にも関心がもてない	6%	28%	60%	6%
何をするのも億劫だ	14%	31%	50%	5%
疲れ気味である	45%	29%	23%	3%
ずっと緊張している	9%	27%	58%	6%
肩こり・頭痛がある	34%	18%	43%	5%
下痢・便秘をしやすい	24%	19%	52%	5%
食欲が低下してきた	9%	18%	68%	5%

図5-7　ストレス度チェック項目ごとの結果（日本人のストレス調査委員会，前掲書）

5　タイプA行動パターンとストレス

　米国の Friedman ら（1959）の研究では，自尊心が強く，真面目で几帳面で責任感が強く，何ごとも徹底的にやらないと気が済まないという徹底型・完ぺき型人間であるA型行動性格の人は，その対極にある，のんびり型，マイペース型のB型行動性格の人と比較するとストレスを貯めやすく，虚血性心疾患になりやすいと報告している。東海大式日常生活調査票によるA型行動パターンスクリーニングテスト（図5-8）と評価票（図5-9）を掲載した。自分の性格行動パターンを知り，今後の対応の参考にしていただきたい。

氏名 _____   タイプAスコア _____

以下の質問について，あなた自身の生活にできるだけ近いものに○を付けて下さい。
質問には正解はありませんから，全部の項目に気楽にお答え下さい。

1）ストレスや緊張したとき，上腹部が痛むことがありましたか？
　　　1　全くなかった　　　2　時々あった　　　3　しばしばあった
2）あなたは気性が激しい方でしたか？
　　　1　むしろ穏やかな方だった　　　2　普通　　　3　幾分激しかった
　　　4　非常に激しかった
3）あなたは，責任感が強いと人から言われたことがありますか？
　　　1　全くない　　　　　　2　時々言われた
　　　3　しばしば言われた　　　4　いつも言われた
4）あなたは仕事に対して自信を持っていましたか？
　　　1　全くなかった　　　2　あまりなかった
　　　3　幾分あった　　　4　非常にあった
5）仕事を早くはかどらせるために特別に早起きして，職場に行くことがありましたか？
　　　I　全くなかった　　　2　時々あった　　　3　しばしばあった
　　　4　常にあった
6）約束の時間には遅れる方でしたか？
　　　I　よく遅れた　　　　　2　時々遅れたが，大抵は遅れなかった
　　　3　決して遅れなかった　　　4　30分前には必ず行くようにした
7）自分が正しいと思うことは，どこまでも貫くことがありましたか？
　　　I　全くない　2　時々あった　　3　しばしばあった
　　　4　常にあった
8）あなたが，数日間の観光旅行をすると仮定した場合，次のどれに最も近かったですか？
　　　I　特に計画はたてず，成り行きまかせで行く
　　　2　1日単位で大体の計画をたてる
　　　3　時間単位で細かく計画をたてる
9）他人から指図された時，あなたはどう思いましたか？
　　　I　その方が気が楽だと思う　　　2　気にとめない
　　　3　嫌な気がする　　　　　　　4　怒りを覚える
10）あなたが車を運転していたと仮定し，後ろの車に追い越されたとしたら，あなた
　　はどうしたと思いますか？
　　　I　マイペースで走り続ける
　　　2　スピードをあげ，なるべく追い越し返そうと思う
11）仕事が終わって，帰宅したらすぐにリラックスした気持ちになれましたか？
　　　I　すぐになれる　　　2　すぐになれないが，比較的早くリラックスできる
　　　3　少しいらいらした気持ちが続く
　　　4　いらいらして家族に八つ当たりすることが多い

図5-8　東海大式日常生活調査票によるA型行動パターンスクリーニングテスト
（津田，2003. 一部改変）

「東海大式日常生活調査表」の質問項目のうちより選び出した11項目（質問1，2，
5，9，10，11，15，17，21，24，25）よりなる。
（1）採点方法：下記の各質問番号の回答に付けられた点数（A）を合計したもの
　　を（T）とすると，
　　スコア＝（T－24）×0.25

質問番号	回答	A					
1）	1.	9	2.	22	3.	33	
2）	1.	6	2.	15	3.	21	4. 28
5）	1.	－6	2.	－14	3.	－19	4. －24
9）	1.	11	2.	21	3.	34	4. 48
10）	1.	7	2.	16	3.	23	4. 29
11）	1.	25	2.	60	3.	93	4. 128
15）	1.	10	2.	25	3.	37	4. 48
17）	1.	－15	2.	－37	3.	－61	
21）	1.	6	2.	13	3.	19	4. 27
24）	1.	24	2.	47			
25）	1.	12	2.	28	3.	41	4. 52

（2）スコアの評価：健診受診者の平均値は43点（SD9.2）で，高得点になるにつ
　　れ，いわゆるA型の傾向が強まる。
　　健診においては以下の4段階に分けて評価している。
　　A1：S＞52.2（S＝スコア）
　　A2：52.2＞S＞43.1
　　B2：43.1＞S＞33.8
　　B1：S＜33.8

図5-9　A型行動パターンスクリーニングテスト評価票（津田，前掲書）

6　身体活動量とメンタルヘルス

　現代人の身体活動量は，近代化の恩恵により年々減少してきている。しか
し，遺伝子科学の進歩により，われわれの遺伝子は，狩猟・採集など生活のた
めに高い身体活動量が求められた現代人の起源とされる約4万年前の祖先の
ものとほぼ同一であることがわかってきた（図5-10）。つまり，私たち現代人
は，遺伝子学的にも，身体活動量が極端に低い現代のライフスタイルには本質
的に適応できないように創られている，ということになる（Wilson，2004）。こ
のような背景から，別名「運動不足病」とも呼ばれる，肥満症，脳卒中，心筋

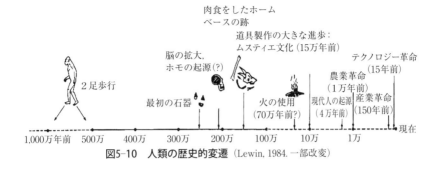

図5-10　人類の歴史的変遷（Lewin, 1984. 一部改変）

梗塞，狭心症，高血圧症，動脈硬化症，糖尿病，腰痛症などの生活習慣病に加え，精神的健康度であるメンタルヘルスの低下が子供を含めた全世代に認められている。現代人の身体的・精神的健康の維持・増進には，適度な運動やスポーツへの参加が不可欠になっているのである。

　筆者が所属する米国スポーツ医学会（ACSM）では，2007年より "Exercise is Medicine"，つまり「運動は最良の薬である」という研究成果をもとにしたプロモーションを通じて，適切な運動処方による予防医学の啓蒙を図っている。定期的な運動は，様々な病気のリスクを低減し，人体のほぼすべての生理的機能を向上させ，心理（精神的）にも健康な状態へと導くことが，研究により明らかにされている。2019年に発表された運動処方の指針では，週に150分程度の中強度の有酸素運動と2～3回の軽度のレジスタンス・トレーニングが推奨されている。

7　運動のストレス低減効果

　精神的なストレスを発散させるには，様々な方法がある。男性では飲酒やギャンブル，女性では友人とおしゃべりしながら食事や買い物をするなどが一般的なものとして挙げられるが，これらの方法はともすれば新たなストレスを生む可能性をはらんでいる。では，外へ出て自然の中でウォーキング，ジョギングやストレッチングなどの軽い運動をするというのはどうだろう？　われわ

れはこのような方法がストレス低減に効果的であることを経験的に知っている
のではないだろうか？

　運動が心理学的および生理学的にストレス症状の低減に効果があることは，
多くの研究で明らかにされている。心理的効果を測定する研究に用いられてき
た代表的な尺度に，不安の測定が挙げられる。特に Spielberger ら（1970）の
「状態特性不安検査（State-Trait Anxiety Inventory, STAI）」が多用されてい
る。この検査は，特性不安と状態不安の２つの尺度からなり，前者は性格的
な特性，後者は現在の状況的不安を測定する。一般的には，一過性の運動効果
の測定には，状態不安尺度を使用し，長期的な効果の測定には特性不安尺度が
使用されている。

　次に，運動研究でよく使用される尺度に，McNair ら（1971）の「気分の状
態プロフィール検査（Profile of Mood States, POMS）」がある。POMS は，緊
張 - 不安，抑うつ - 落ち込み，怒り - 敵意，活気，疲労，混乱の６つの下位
尺度からなり，運動による気分の変化の効果を調査する研究に多く利用されて
いる。以下に一過性および長期的な運動の抗ストレス効果について調査した代
表的な研究例を紹介する。

（1）一過性の運動の抗ストレス効果

　１回限りの運動すなわち，一過性または急性の運動の効果を調査した研究に
は，自転車エルゴメーターによる中等度の有酸素運動を15分間行う運動群
と，瞑想群を比較した研究がある。両グループに不安と血圧の低減が見られた
が，運動群では不安低減と血圧低下の効果が長時間継続して得られた（Raglin
ら，1987）。また，30分間の自転車エルゴメーターによる中等度の有酸素運動
群とウェイト・トレーニングを行った無酸素運動群を比較した研究では，有酸
素運動群には60分間の不安低減効果が見られたが，無酸素運動群では運動直
後から５分後まで不安レベルが上昇し，不安低減効果は見られなかった。した
がって，不安低減に対する一過性の運動の効果には，有酸素運動が好ましいと
結論づけている（Raglin ら，1993）。

　さらに，日本の大学生を対象とした30分間の自己快適ペースのウォーキン
グ運動前後の気分の状態を調査した研究（津田，2012）では，運動後に気分の

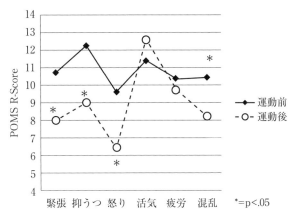

図5-11 ウォーキング運動前後の気分（POMS）の変化 （津田, 2012）

向上が見られ，活気の上昇，緊張‐不安，抑うつ‐落ち込み，怒り‐敵意，混乱が顕著に低下した（図5-11）。

　一過性の運動の強度と不安低減効果や感情，気分の向上といった抗ストレス効果の関連性については，低・中等度の運動後のみに認められるという結果となっている。

（2）定期的運動の抗ストレス効果

　定期的・長期的な運動によって，感情・気分の向上や不安が低減するという研究は多く見られるが，代表的なものにBlumenthalら（1982）の研究がある。これは，中年の健常男性を対象として，10週間の長期にわたり，散歩とジョギングを1回45分間，週に3回実施した研究である。長期的な運動プログラム後には，POMSの活気が上昇し，状態不安・特性不安ともに顕著な低減が確認された。定期的に運動を継続することで，性格的な不安・緊張の低減にも効果があることが示され，不安障害の治療法としての有用性も検討されている。

　運動継続とメンタルヘルス（気分の状態）を調査した研究例に，座業の多い50代の男性を対象として週2日以上運動を継続しているグループと，特に実施していないグループに気分の状態検査（POMS）を実施し，比較した研究がある（横山ら，2012）。すべての因子に有意差が見られ，運動継続群は精神的健

康度が高く，良好な気分プロフィールを示す POMS の「活気」得点が著しく
高く，他のネガティブな感情尺度得点が低いアイスバーグ・パターン「氷山
型」が見られた（図5-12）。このような傾向は，運動習慣のない一般人と比較
すると，米国のエリートスポーツ選手にも顕著に見られることが確認されてい
る（図5-13）。Morgan（1985）は，POMS で診断した望ましいメンタルコンディ
ションとなる氷山型は，ピークパフォーマンスに関係しているとして，メンタ
ルヘルス・モデルを提唱した。POMS を活用し，望ましいメンタルコンディ

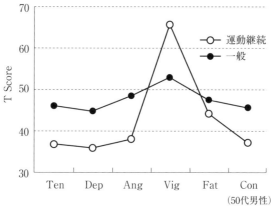

図5-12　運動継続と気分の状態（POMS）（横山ら，2012）

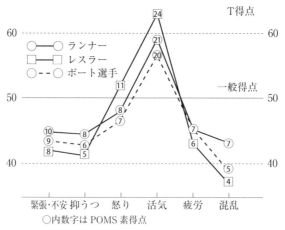

図5-13　エリート選手の心理学的特徴　POMS "氷山型（iceberg profile）"
（Morgan，1985）

ションを観察することで，選手の最大限の競技力発揮が可能となり，オーバートレーニングの防止にも活用できると結論づけている。

　これまでの研究で一致した結果は，一過性および適度な運動の継続は，精神面に有用な効果が見られるということである。

8　ストレス低減効果獲得のメカニズム

　運動の抗ストレス効果のメカニズムについては，多くの説が提唱されており，未だ不明な部分も多いが，過去の研究による知見から以下の3つの説が有力視されている。

①体温増加説

　運動を行うと体温が上昇するが，そのために短期的な鎮痛効果が得られるという仮説である。シャワーを浴びたあとに期待できるリラックス効果も，この仮説で説明できる。

②神経伝達強化説

　運動により，ノルアドレナリン，セロトニン，ドーパミンといった神経系に作用する神経伝達物質を強化するという仮説である。ドーパミンは快感を呼ぶ脳内の覚せい剤とも呼ばれる。

③モルヒネ様物質（βエンドロフィン説）

　ジョギングを続けていると，ランナーズハイ，エクササイズハイまたはジョガーズハイと呼ばれる快感情状態が生まれることが知られている。これは，モルヒネの6.5倍とも言われる，強い鎮痛作用をもつ麻薬に似た物質であるモルヒネ様物質であるβエンドロフィンが運動刺激により合成され，脳下垂体に放出されるために快感情が起こるという仮説である。

まとめ

　これまで，ストレスの定義やメカニズム，また運動による抗ストレス効果を概説してきたが，ストレス対処を目的とした運動では，「いま行っていることをどう感じているか」という認知的評価が肯定的であるかどうかが，快感情に

つながる重要なポイントとなる。最近の研究では，労作や罰として行う身体活動や運動では心理的恩恵を得ることが難しく，日常を離れて行う運動・スポーツにより，ストレス対処効果を得ることができるという傾向が認められている。効率的に休憩や休日をとり，楽しみながら運動・スポーツを実施することが重要である。

II

理 論 編

第6章　人体の構造と運動

　スポーツや身体運動を行うことにより，人間の身体にはどのような変化がもたらされるのだろうか。本章では運動による筋骨格系への影響について，骨，筋肉，呼吸器系の順に概観する。

1　骨と運動

　筋肉は，自らが収縮して得られる物理的な力を，骨を動かすことによって，外部における身体活動として発現する。骨は一般的におよそ200個存在するといわれているが，それぞれの骨が関節で連結され様々な角度に動くことによって，人間は多種多様な運動を行うことができる。

　骨は表面を骨膜が覆っており，その内側には皮質骨，皮質骨の内部には血管が通っている。さらに皮質骨の内側には海綿体があって海綿体の間を骨髄が走る空洞構造になっているが，つまり，この空洞構造が骨の強度と柔軟性を高める構造を保っている。

　関節の連結は線維性連結（頭蓋骨の縫合など），軟骨性連結（椎間板など軟骨を間にはさむ連結），骨膜性連結（肘や膝など広い稼動領域を持つ関節）の3種類があり，スポーツや運動などで主に用いられるのは，可動域の大きい骨膜関節である。

　骨膜関節は，肘などのように回転軸が1つの単軸関節，手関節や足関節など垂直の2本の運動軸を持つ二軸関節，さらに肩関節や股関節のように3つの運動軸と動作平面を持つ多軸関節に分類される。

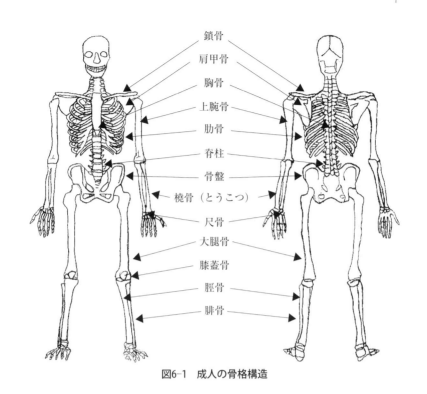

鎖骨
肩甲骨
胸骨
上腕骨
肋骨
脊柱
骨盤
橈骨（とうこつ）
尺骨
大腿骨
膝蓋骨
脛骨
腓骨

図6-1　成人の骨格構造

2　運動による骨への適応

　骨は主にカルシウムから形成されている非常に硬い組織であるが，その一方で非常に柔軟性もある。外力が加わるとそれに適応して再形成され，また損傷した場合にも再生・成長する能力を有している。運動を通じて加えられる圧力，衝撃，曲げ，捻転などの刺激に対しても，それぞれの作用部分で適応を起こす。

　まず骨に外力がかかると，骨芽細胞がその部分に移動し，骨の形成がはじまる。骨芽細胞はコラーゲン分子を主成分とする骨気質タンパク質を合成分泌して骨細胞に付着させ，そのタンパク質は骨マトリックスを形成しここにリン酸カルシウムの結晶が結合して石灰化し，骨の強度が高まる。この骨形成は主に

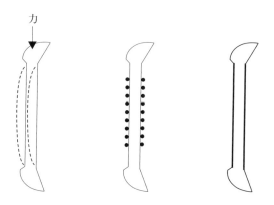

力

骨芽細胞がコラーゲン　新たに骨が形成される
を付着させる

図6-2　骨の形成（イメージ）

骨膜表面で行われ，骨が太くなる際には外側へと広まっていく（石井，2004，
61頁）。

　このようにして運動などにより外力が骨に加わると，骨の強度が高まること
になる。骨の強度を高める，つまり骨マトリックスの石灰化には数週間から数
か月要するとされており，また一時的な運動刺激では骨を強化する効果はみら
れない。また骨形成に必要な最小限の歪みを MES（Minimal essential strain）
といい，MES を超える外力が引き続き加えられて初めて骨の強度が高まるの
である。これは日常生活で筋活動以上のレベルが必要であり，高齢者では速め
の歩行でも MES を超えるが，若年者の場合には短距離走や強度の強いレジス
タンストレーニングが必要とされている。また MES は骨折を起こす力の約10
分の１程度になるよう，骨細胞は常時骨量を調節している（前掲書，62頁）。

　トレーニングにより骨を強化するには漸増性，特異性などトレーニングの原
則に従う必要がある（第10章参照）。

3　運動による骨格筋の適応

　筋肉の中でも主に関節付近の骨格に付着して体を動かす筋肉を，骨格筋とい

う。関節運動には通常複数の筋が作用するが，関節に直接力を加える筋を主働筋，その力や動作の反対に作用して速度や力を緩める筋を拮抗筋という。拮抗筋は関節が過度の速さや力を発揮するのを抑え，関節を傷害から守ったり，安定させ保護している。また，ある動作で主働筋と共に動作を補助する筋を共同筋という。

　例えば投運動においては，上腕三頭筋が主働筋，上腕二頭筋は拮抗筋となり，スクワットにおいては主働筋が大腿四頭筋，拮抗筋が大腿二頭筋，共同筋は大殿筋や背筋などになる。

　筋の構成要素である筋線維には，いくつかの分類の仕方がある。短時間で強い力を発揮する筋は速筋，白筋，タイプⅡ線維などと呼ばれ，強い力は発揮できないが持久力のある筋は遅筋，赤筋，タイプⅠ線維などと呼ばれている。

　またタイプⅡ線維はⅡa，Ⅱbに分けられることもある。それぞれの機能や特性は表6-1の通りである。またどの筋線維タイプが多いかは個人差があり，

第**6**章　人体の構造と運動

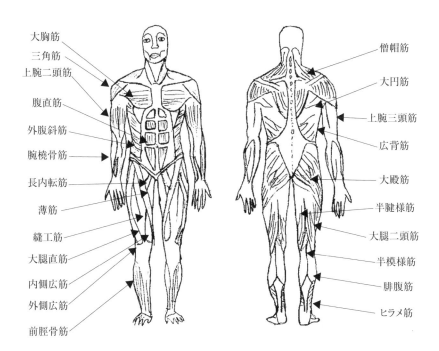

大胸筋
三角筋
上腕二頭筋
腹直筋
外腹斜筋
腕橈骨筋
長内転筋
薄筋
縫工筋
大腿直筋
内側広筋
外側広筋
前脛骨筋

僧帽筋
大円筋
上腕三頭筋
広背筋
大殿筋
半腱様筋
大腿二頭筋
半模様筋
腓腹筋
ヒラメ筋

図6-3　主な骨格筋

表6-1　筋線維のタイプと特性

筋線維の種類	力	スピード	持久力
タイプ I	弱い	遅い	強い
タイプ II a	強い	速い	やや弱い
タイプ II b	非常に強い	非常に速い	弱い

その選手が先天的にどのような競技スポーツに適しているかを判断する材料になることがある。つまりタイプ I 線維が多ければマラソンなどの持久系競技に向いており，タイプ II 線維が多ければ短距離走や砲丸なげのように短時間で力を発揮する競技が適しているといえるのである。

　また運動による骨格筋への負荷の影響については，その運動負荷の強度や種類などにより，それぞれの筋線維に及ぼす影響が異なってくるので，目的に従ってトレーニングの方法を変えることが必要となる。ここでは，レジスタンストレーニングで筋力に負荷を加える目的として，①主に筋力強化のためのもの，②筋肥大のためのもの，③持久力向上のためのものという3種類について簡単に説明する。スポーツ競技選手だけでなく一般の場合でも，個別の目的に沿ってトレーニングを行うには，週に何回行うかといった頻度や種目の選択，反復回数など，専門家による細かいプログラムデザインが必要となるが，その場合でも基本となる原則は変わらない（第13章参照）。

（1）筋力強化

　筋力を強化するためのトレーニングは，強い抵抗で最大に近い力，つまり，なんとか1回か2回上げられるような負荷のトレーニングで，十分な休息時間をとり完全に回復してから3セットぐらいまでの少ない反復回数を行う。その結果，筋線維の断面積が大きくなるが，この変化は特にタイプ II 線維で顕著に現れる。つまりタイプ II 線維は，強い力とスピードを発揮することを示している。なお，なんとか1回上げられる重さを1RMといい，なんとか2回なら2RMの重さという。

(2) 筋肥大

　筋力を肥大させるためのトレーニングは，1度におよそ6回から12回反復できる負荷（6RMから12RM）で，休息時間を短くとり，完全に回復する前に次のセットを行うようなトレーニングを行うのが最適とされている。つまり筋力強化のためのトレーニングよりは軽い負荷で，より多くの量をこなすことが必要となってくる。

(3) 筋持久力

　筋持久力を高めるには，比較的軽い負荷と非常に短い休息時間でかなり多くの量をこなすトレーニングが有効とされている。持久力を高めるためのトレーニングを行うと，ミトコンドリアやミオグロビンが増加する。ミトコンドリアは酸素を用いて筋エネルギーとなる ATP を産生する細胞内の器官で，ミオグロビンは細胞内で酸素を運搬するタンパク質のことをいう。つまり筋持久力のための負荷を一定期間継続してかけ続けると，体内に貯蔵されたグリコーゲンなどのエネルギー源を有酸素的に効率的に使用する代謝能力が高まるようになるのである。

表6-2　骨格筋に対する目的別の運動負荷のまとめ

目的	強度	セット回数	休息時間
筋力強化	1RMか2RM	3から5	2分から3分
筋肥大	6RMから12RM	3から5	1分から1分半
持久力向上	12RMから20RM	3	30秒から1分

4　心臓血管系・呼吸器系と運動

　心臓血管系は，血液を体内に送り出して栄養素や酸素を体内の隅々にまで運搬し，その一方で二酸化炭素などの老廃物を除去し，健康な状態を維持するための内部環境を調節する働きをしている。

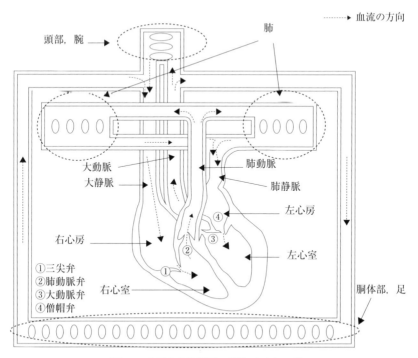

図6-4　心臓と血液循環の構造（イメージ）

（1）心臓

　心臓は左右の心房と心室から構成され，肺に血液を送って酸素を取り込み，酸素が取り込まれた血液を全身に送り出している。心房と心室にはそれぞれ血液の逆流を防ぐ弁がついている。弁の動きは受動的で，血液が逆方向に流れようとするときには閉じるようになっている。

　心臓の収縮は電気的な興奮によって行われている。まず右心室上部にある洞房結節が，周期的に電気インパルスを発する。洞房結節からのインパルスは節間経路を経て房室結節へと伝播されるが，この際にわずかな遅延が起こる。房室結節を経たインパルスは，房室束を経て，プルキンエ線維を通じて心房に伝えられ，心房が収縮と弛緩を繰り返す。洞房結節からの電気的インパルスは瞬時に心臓全体に伝わるが，房室結節で調整が行われることにより，心室が収縮する前に心房から血液が送られる時間を確保するようになる。

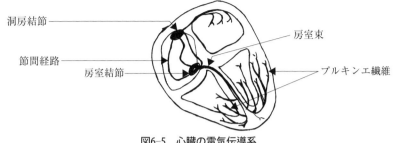

図6-5 心臓の電気伝導系

一般的な心電図は，この心臓の電気的動きをグラフで表したものである。心電図はＰ波，QRS複合体，Ｔ波から成るが，Ｐ波は洞房結節から始まる心房の電気的興奮を，QRS複合体はその後に起こる心室の電気的興奮を，Ｔ波は心室の電気的興奮が元に戻る状況を示している。

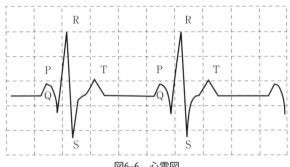

図6-6 心電図

(2) 血管

血管は，主に心臓から血液を送り出す動脈系と，心臓へ血液を送り返す静脈系からなる。

動脈は，心臓からかなり高い圧力の血液が送り出されるため，壁が太くて強い。血液が毛細血管に送られる前に，細動脈を通過して血圧や血流を調整している。動脈から送られてきた血液は，毛細血管で様々な組織や細胞と酸素や栄養素などを交換する。そのため毛細血管の壁は薄く，これらの物質がお互い行き来しやすいようになっている。

　静脈は毛細血管から集まってきた血液を再び心臓に送り返す働きをしている。動脈とは異なり壁は薄いが収縮性に富み，多量でも少量でもその時に応じて血流を調節することができる。

（3）血液

　血液の大きな役割の1つが，酸素を体内の隅々まで運搬し，また二酸化炭素を肺へと送り返す働きである。酸素は血液中の成分であるヘモグロビンにより行われる。そのためヘモグロビンの量が酸素を運ぶ能力に関係していると考えられている。

（4）肺

　肺は体内に酸素を取り込み，二酸化炭素を対外に排出する働きをしている。肺は自らの力で収縮拡張することはできず，横隔膜や肋骨の上下動などにより受動的に運動している。肺胞内では酸素が肺の血液に，二酸化炭素が肺胞内に取り込まれている。これは濃度の高い側から低い側へと移動する拡散の形を

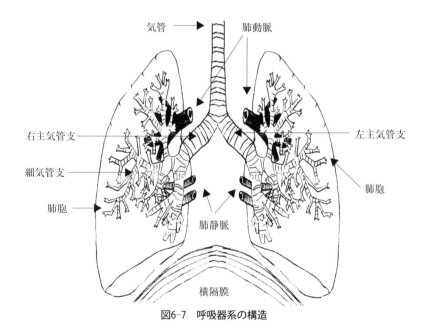

図6-7　呼吸器系の構造

とっている。

5　心臓血管系・呼吸器系と運動による反応

（1）心拍出量

　心拍出量とは，1回拍出量（心臓が1回の収縮で送り出す血液量）と心拍数（1分あたりの拍出数）を掛け合わせたもので，

$$心拍出量 = 1回拍出量 × 心拍数$$

で求められる。有酸素性運動を行うと，心拍出量は急激な増加のあとで緩やかな増加へと移り，一定になる。心拍数の増加は運動強度を図る目安にもなる。つまりその運動時の心拍数を最大心拍数で割って，その割合からその人の運動強度や，その運動によって目標とする心拍数を求める方法がある。つまり，

$$運動強度 = 心拍数 ÷ 最大心拍数$$

$$目標心拍数 = 運動強度 × 最大心拍数$$

となる。また安静時の心拍数（予備心拍数）と最大心拍数から求める方法もあり，これはカルボーネン法とも呼ばれている。

　運動強度(%) =

　　（心拍数 – 安静時心拍数）÷（最大心拍数 – 安静時心拍数）×100

　目標心拍数 =

　　運動強度 ×（最大心拍数 – 安静時心拍数）+ 安静時心拍数

　最大心拍数は年齢から推定する方法が広く用いられており，220から年齢を引くことにより求められる。

$$最大心拍数(推定値) = 220 – 年齢$$

（2）酸素摂取量

　有酸素運動を行うと体内で必要な酸素量が増加するが，その増加する酸素量は筋量，代謝効率，仕事量によって変わってくる。その組織において一定の時間で利用できる酸素量の最大値を最大酸素摂取量といい，心肺能力を示す指標となっている。安静時の酸素摂取量は体重1kg，1分で3.5ml（ml/kg/分）と

第6章　人体の構造と運動

推定されており，これは 1 MET と定義されている。健常な人の最大酸素摂取量は7.1〜22.9METs とされているが，これはトレーニングなどにより変わってくる。その人に適した運動強度を酸素摂取量と最大酸素摂取量の比で表せば正確なものとなるが，測定には高価な機器が必要で困難が伴うため，実際は上記の心拍数を用いることが多い。

　心拍出量と酸素摂取量の関係は次の式で表される。

　　酸素摂取量

　　　　＝心拍出量×動静脈酸素較差（動脈血と静脈血に含まれる酸素量の差）

　これはフィックの式と呼ばれ， 1 回拍出量や心拍数が増加すると，心拍出量の増加につながることを示している。

（3）呼吸器系の反応

　有酸素性運動を行うと，呼吸の深さ・回数，あるいは双方の増加により，分時換気量（ 1 分あたりに呼吸される空気の量）が増加する。回数は成人男子で安静時の16〜20回／分から45回／分前後，深さを示す 1 回換気量（ 1 回の呼吸で吸い込まれて吐き出される空気の量）は，成人男子の場合，安静時の約0.5 ℓ から 3 ℓ 前後にまで増加する。

　また血液による酸素と二酸化炭素の運搬にも変化がみられるようになる。細胞組織における酸素と二酸化炭素の交換はガス拡散により行われるが，その圧力較差が大きくなるため，ガス拡散が効果的に行われるようになる。

6　心臓血管系・呼吸器系と運動による適応

　外的刺激による身体各組織の反応は一時的なものであるが，その刺激が長期間続くことにより，心臓血管系・呼吸器系は次のような適応を示す。

心臓血管系

　有酸素性トレーニングを長期間行うと，心拍出量の最大値の増加， 1 回拍出量の増加，心拍数の減少などの変化が起こる。ただしレジスタンストレーニングによる変化については現在のところは解明されていない。

　また毛細血管が増加すると同時に血漿の量やヘモグロビンも増加することから，酸素などの代謝能力が向上することが明らかになっている。

呼吸器系の適応

　有酸素運動を持続的に続けていくと，最大酸素摂取量が増加し，1回換気量も増加する。また酸素抽出能力も増加する。普段トレーニングを行っていない場合の呼気中の酸素濃度は約18％だが，トレーニングの結果14〜15％になる。また血液中に疲労物質である乳酸がたまり始める時期が遅くなる。つまり，より高強度の運動をより長く続けることができるようになり，疲労しにくくなることも明らかになっている。

第7章　筋肉の仕組みとエネルギー

　本章では，筋肉の構造と仕組みについて説明をしていく。「構造」とは，医学用語でいう「解剖」を，「仕組み」は「生理」を意味していると解釈していいと思う。さて，筋肉は，骨格筋，平滑筋（血管や腸），心筋（心臓の筋肉）と大きく3つに分類されている（図7-1）。しかし，ここでは，自分の意志のもとで収縮し，関節（骨と骨がつながっている部位）を動かすことのできる骨格筋について，その構造と仕組みについて説明をしていく。「自分の意志で」ということなので，別名，「随意筋」とも呼ばれることも覚えておくとよい！　ただ，以後は骨格筋／随意筋を筋肉と称して話を進めていく。

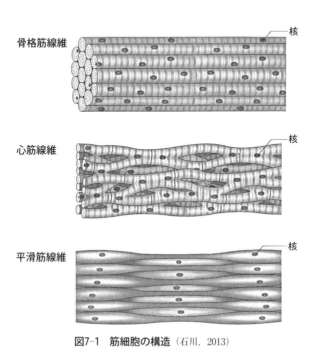

図7-1　筋細胞の構造（石川，2013）

1　筋肉の概要

　筋肉の数は，およそ600あるとされている（図7-2）。左右，前後，浅深と，図7-2で見える筋肉もあれば，奥深く見えないが存在している筋肉も多数ある。

　筋肉の主な役割は4つあると考えられている。1つは，体を動かすことである。筋肉の多くは関節をまたいでおり，収縮することにより関節を動かすことができるからである。2つ目は，熱を産生する。収縮する時に発生するエネルギーの多くは，熱となる（大学スポーツ研究会，1993）。これは体温を維持する上でとても大切である。寒い時に体が震えるのも，筋肉を動かすことで熱を発生し体温を維持しているからである。3つ目は，内臓や骨を衝撃から守る役割がある。4つ目は，循環の補助作用である。筋肉が弛緩と収縮を繰り返すことで，ポンプのような働きをして，血液を流す。

第**7**章　筋肉の仕組みとエネルギー

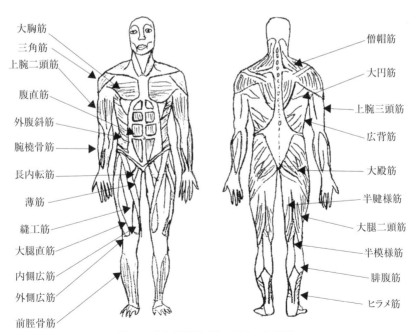

大胸筋
三角筋
上腕二頭筋
腹直筋
外腹斜筋
腕橈骨筋
長内転筋
薄筋
縫工筋
大腿直筋
内側広筋
外側広筋
前脛骨筋

僧帽筋
大円筋
上腕三頭筋
広背筋
大殿筋
半腱様筋
大腿二頭筋
半模様筋
腓腹筋
ヒラメ筋

図7-2　主な骨格筋（第6章図6-3を再掲）

2 筋肉の形態の種類

　筋肉は，よく見てみると実はいろいろな形で存在していることが図7-3から
わかるかと思う。代表的な平行筋としては，上腕二頭筋（肘を曲げた時に力こ
ぶを作る筋），羽状筋としては腓腹筋（ふくらはぎを形成する１つの筋）が存在す
る。平行筋は力を発揮するための筋ではなく，どちらかというと大きく，速く
短縮できる筋で，羽状筋は大きな力を出せる代わりに，大きく，速く短縮した
りすることができない特徴がある。また，主要な関節を伸ばす方には羽状筋が
多く，曲げる方には平行筋が多い傾向にある。

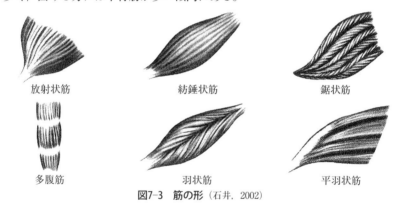

放射状筋　　　　　　　　　紡錘状筋　　　　　　　　　鋸状筋

多腹筋　　　　　　　　　　羽状筋　　　　　　　　　平羽状筋

図7-3　筋の形（石井，2002）

3 筋肉の筋線維の種類

　図7-3では，筋肉は黒と白のスジ状に見える。スジ状のものが束になって１
つの筋肉を作っているようにも見える。こうしてスジ状に見えるのが筋肉の細
胞である。１つの筋肉はたくさんの筋細胞の集まりである。筋細胞は，筋線維
と呼ばれているが，スジ状で細長い形状からだと考えられる。この筋線維も，
いくつかの種類に分けることができる。大きく分けると速筋線維（FT筋線
維：Fast Twitch），遅筋線維（ST線維：Slow Twitch）の２種類で，速筋線維

は，遅筋線維に比べ収縮速度が2倍速いが，持久性に乏しく，遅筋線維は逆に収縮速度は遅いが持久性に優れているという特長がある。

また，それぞれは違った呼ばれ方をされたり，もう少し細い分類もされている。例えばST線維は，SO線維（Slow Oxidative）と呼ばれ，酸素を用いたエネルギー代謝の筋線維となる。また，タイプⅠ線維とも呼ばれている。

FT線維はFOG（Fast Oxidative-Glycolytic）線維とFG（Fast Glycolytic）線維の2種類に分かれ，それぞれタイプⅡa，タイプⅡb線維とも呼ばれる。FOG（タイプⅡa線維）はST線維とFG線維の間に位置する。FG線維（タイプⅡb線維）は酸素を利用しないエネルギー代謝の筋線維（解糖系）となる。

4　筋肉収縮の種類

筋肉の収縮様式は大きく分けて2種類ある。1つは等尺性収縮（アイソメトリック），もう1つは等張性収縮（アイソトニック）である。

等尺性収縮（アイソメトリック）

別名，静的収縮とも呼ばれている。関節の角度や筋の長さが変化はしない状態で，筋肉に張力を発生する収縮である。例えば，二の腕で力こぶを作った状態である。

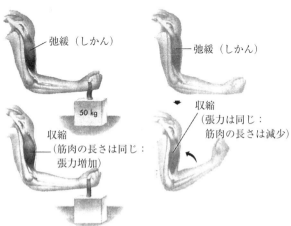

図7-4　筋の収縮様式
（Thompson & Floyd, 2001）

アイソメトリック（等尺性収縮）　　アイソトニック（等張性収縮）

等張性収縮（アイソトニック）

　別名，動的収縮とも呼ばれている。関節の角度や筋の長さが変化しながら，筋肉に張力を発生させる。筋肉の長さが短くなる方を，求心性もしくはコンセントリック収縮，筋の長さが長くなる方を，遠心性もしくはエキセントリック収縮と呼んでいる。例えば，重りを持ち上げる際に，肘を曲げながら重りを挙げる方はコンセントリック，ゆっくりと肘を伸ばしながら重りを降ろす方はエキセントリックになる。挙げる方も降ろす方も同じ筋肉を使っているのがポイントである。

5　筋肉の解剖

　筋肉は，筋線維の集まりである筋腹と，両端の腱からできている。基本的には腱部が骨に付着している。筋腹は膜で被われており，筋外膜と呼ばれている。筋腹を輪切りにして中を除くと，数十から150本ほどのまとまった筒のようなものが見えるが，これは筋束と呼ばれている。筋束も筋周膜に覆われている。さらに奥をのぞくと筋束の中にもいくつかの筒の集合体が存在している。これが筋線維である。この筋線維も筋内膜で覆われている。復習として，筋線

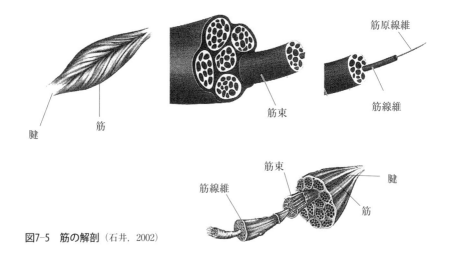

図7-5　筋の解剖（石井，2002）

維の集まりを筋束，筋束の集まりを筋肉とイメージしておくとよい。

　次に，図7-6を見ながら筋線維を説明する。筋線維は，筋の内膜と融合している筋細胞膜で覆われている。筋線維の中には，脂質，グリコーゲン，酵素，核，ミトコンドリアなどの器官が含まれている。この筋線維の中の空間は筋形質と呼ばれているが，人体のほかの細胞において細胞質と呼ばれているものである。他にも筋形質には，横細管，筋小胞体や筋原線維が含まれている。横細管は，電気を伝導したり，イオン，酸素やグルコースを輸送したりする役目がある。筋小胞体はカルシウムイオンを貯蔵する役割がある。

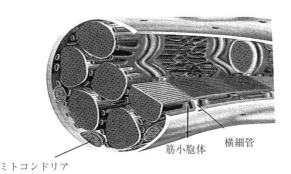

図7-6　筋の断面図（石井，2002）

筋原線維

　筋線維の中には数千本もの筋原線維が平行に走行している。図7-7は代表的な図である。筋原線維は，主に筋フィラメントと呼ばれるアクチンとミオシンからなっている。真ん中で宙に浮いているように見える線がミオシンで太く，ミオシン頭部と呼ばれるヒダ状のものがついている。途中で切れている細い線はアクチンで，アクチンにはその機能を補助するためのトロポニンとトロポミオシンが付着している。

　アクチンとミオシンは顕微鏡で見ると縞模様に見える。ジグザグした線はZ線と呼び，Z線とZ線の間をサルコメア（筋節）と呼んでおり，筋原線維はサルコメアが結合して構成されている。ミオシンの幅をA帯と呼び，その中心にはM線が存在している。M帯を中心に空いている幅をH帯という。I帯は，Z線を中心としたアクチンの幅を指している。

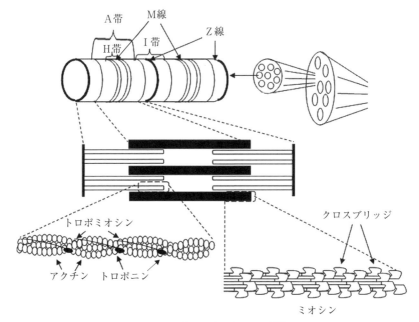

図7-7 ミオシンとアクチンの詳細

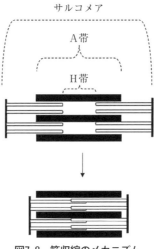

図7-8 筋収縮のメカニズム

6 筋生理

（1）収縮メカニズム①

　これから筋肉がどのように収縮するのか説明をしていく。筋肉は，それ単独で収縮するわけではなく，脳から脊髄を通じて体のすみずみに走行している運動神経が興奮することで，収縮がおきている。図7-9は，運動神経線維が筋肉に付着している代表的な図になる。運動神経線維からは，神経線維枝があり筋肉に付着しているが，よく観察するとそこにはスペースが存在する。神経終末まで伝わった電気的活動が，神経終末にあるシナプス小胞に伝わると，そこからアセチルコリンと呼ばれる化学物質が放出される。筋の細胞膜まで到達すると，再び電気的活動が促される。このアセチルコリンによって電気的活動が伝えられる部分は化学的に電気的活動が伝導される部分になる。この電気的活動が横細管から筋小胞体に伝わると，筋小胞体からカルシウムが筋形質に放出される。アクチンに付着しているトロポニンにカルシウムが付着すると，ひも状のトロポミオシンがずれる。これによって，ミオシンにあるミオシン頭部がアクチンに結合できる状態になる。ミオシン頭部にあるATP（アデノシントリ

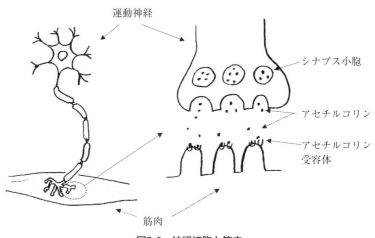

運動神経

シナプス小胞

アセチルコリン

アセチルコリン受容体

筋肉

図7-9　神経細胞と筋肉

第7章　筋肉の仕組みとエネルギー

フォスフェイト）が分解されると，ミオシン頭部がアクチンにくっつき捻りながら中央に引っ張り（パワーストローク），これが筋肉の収縮活動ということになっている。収縮した筋は，再び ATP を利用して元の状態に戻る。ATP については次の項で説明をする。

（2）収縮メカニズム②

　筋肉が収縮したり，元の状態に戻ったりする時に ATP が必要であることが収縮メカニズム①でわかった。ATP とは，アデノシントリフォスフェイトといわれ，アデノシントリフォスフェイトとは1つのアデノシンに3つの（トリ）リン酸（フォスフェイト）が結合してできたものである。

　ATP は水と結合すると分解され，エネルギーを放出する。こうして水と結合して分解されるので加水分解という。参考までに以下にその式を記しておく。

$$\text{ATP} + \text{H}_2\text{O} \quad \rightarrow \quad \text{ADP} + \text{Pi} + \text{H}^+ + \text{エネルギー}$$

　ATP は，産出されるのに酸素を利用しないケース（嫌気的）と，酸素を利用するケース（好気的）が存在する。以下にその説明を記す。

ATP 産出方法１：クレアチンリン酸系

$$\text{ADP} + \text{クレアチンリン酸} \quad \rightarrow \quad \text{ATP} + \text{クレアチン}$$

　このシステムは運動強度に関係なく，主に運動の開始時に ATP を供給するシステムであることが知られている。ただし，筋に貯蔵されている ATP とクレアチンリン酸は少量であるため，運動に対して持続的に供給することができない。

ATP 産出方法２：解糖系（嫌気的）

　糖を利用するが，糖のおおもとは炭水化物になる。参考までに，炭水化物が体内で保存されている時の呼び名は，グリコーゲンという。炭水化物は多糖類なので，だんだん分解されて小さくなり，単糖まで分解されていく。単糖にも様々な種類が存在するが，この場合はグルコース（ぶどう糖）を指している。この機構は，グルコースを利用して ATP を産出するシステムということになる。

　この ATP 産出供給システムには，速い解糖系と遅い解糖系の2つのシステ

ムが存在している。遅い解糖系に関しては，次の「ATP 供給システム３」で説明する。

　速い解糖系は，酸素を利用せず ATP を産出するシステムである。よって嫌気的 ATP 産生方法ということになる。以下に ATP 産出式を記す。

　　グルコース→ピルビン酸＋ Pi ＋ 2 ADP → 2 乳酸イオン＋ 2 ATP ＋ H_2O

　この経路は筋形質内で行われている。グルコースは解糖系経路を通じてだんだん小さくなり，出るころには半分になる。半分になった時点でピルビン酸と呼ばれている。１つのグルコースから２つのピルビン酸ができる。

　さて，ピルビン酸になったグルコースだが，このシステムでは酸素を利用せず ATP を産出する。この場合は副産物として乳酸を産出することになり，出てきた乳酸は血中に流れて肝臓に行き，もう一度グルコース／グリコーゲン（糖新生）になって再利用されることになる。筋形質内にあるグルコース保有量自体は限られているので，それらを利用して ATP を供給し続けるには限界がある。

ATP 産出方法３：有酸素系（好気的）

　有酸素系は，酸素を利用して ATP をたくさん産出供給できるシステムである。この ATP 産出システムは筋形質内のミトコンドリアの中で行われており，ミトコンドリアには２つの ATP 産出システムが存在している。

　１つはクエン酸回路（TCA 回路，クレブス回路）で，もう１つは電子伝達系（酸化的リン酸化）である（図7-10）。

　クエン酸回路は観覧車のようなもので，この経路に入るためにはアセチル CoA になる必要がある。普段私たちが摂取している炭水化物や脂肪が，代謝していく段階で酸素の存在があると，アセチル CoA になることができる。こうしてクエン酸回路に入り，回路が一回転する間に ATP が産出される。また，NADH と $FADH_2$ という物質も作られる。それぞれは電子伝達系経路に入ることにより ATP を産出する。基本的には，酸素が利用でき，炭水化物や脂肪が存在する限り，ATP を産出することが可能なので，持続的な運動をする際の ATP 産出方法に利用されるシステムになる。

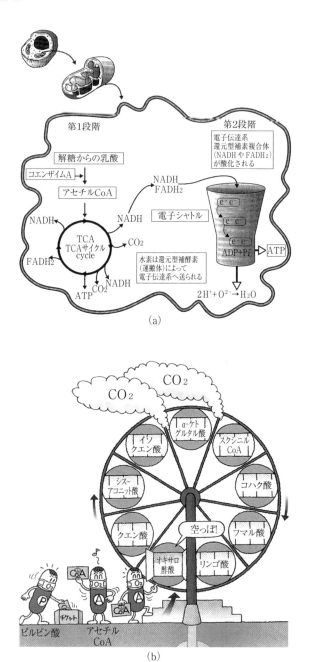

図7-10　ミトコンドリア内のクエン酸回路と電子伝達系回路（前場，2004）

第8章　運動と栄養

　健康の維持増進には，スポーツなどによる適度な運動と同時に，体に必要な栄養素を適切に摂取することも重要である。本章では，三大栄養素としてのタンパク質，炭水化物，脂肪，さらにそれ以外にビタミン，ミネラル，水について運動との関係を中心に概観したい。

1　三大栄養素と運動

（1）タンパク質

　タンパク質は人間の体内で行われている組織の合成と分解において，筋肉や細胞を構成する栄養素である。また体内の生化学的な反応を促進する酵素やホルモンも主にタンパク質の元となるアミノ酸からできており，さらに炭水化物や脂肪に比べて優先度では後になるがエネルギー源にもなっている（1gで約4kcal）。

　人間にとって必要なタンパク質は，9種類の必須アミノ酸と11種類の非必須アミノ酸からなっている。必須アミノ酸は人間の体内では合成できないため食物から摂取しなければならず，非必須アミノ酸は体内で他の物質から合成することができる。肉や魚，卵などは必須アミノ酸をほぼすべて含んでいるが，大豆などの植物性タンパク質は必須アミノ酸をすべて含んでいないことが多く，特にスポーツ選手が肉

表8-1　必須アミノ酸と非必須アミノ酸

必須アミノ酸 （体内で合成できない）	非必須アミノ酸 （体内で合成できる）
バリン ロイシン イソロイシン リジン スレオニン メチオニン ヒスチジン フェニルアラニン トリプトファン	アラニン アルギニン グルタミン アスパラギン酸 グルタミン酸 プロリン システイン チロシン アスパラギン グリシン セリン

（右側余白：第8章　運動と栄養）

食を極度に避け大豆などの植物タンパクの摂取だけに頼る場合には，栄養士などと十分相談して，必要なアミノ酸をしっかりと摂取できるようにする必要がある。

表8-2　タンパク質の食事摂取基準

(推定平均必要量，推奨量，目安量：g/日，目標量（中央値）：％エネルギー)

性別	男性				女性			
年齢等	推定平均必要量	推奨量	目安量	目標量（中央値）	推定平均必要量	推奨量	目安量	目標量（中央値）
0～5（月）	—	—	10	—	—	—	10	—
6～8（月）	—	—	15	—	—	—	15	—
9～11（月）	—	—	25	—	—	—	25	—
1～2（歳）	15	20	—	13～20 (16.5)	15	20	—	13～20 (16.5)
3～5（歳）	20	25	—	13～20 (16.5)	20	25	—	13～20 (16.5)
6～7（歳）	25	35	—	13～20 (16.5)	25	30	—	13～20 (16.5)
8～9（歳）	35	40	—	13～20 (16.5)	30	40	—	13～20 (16.5)
10～11（歳）	40	50	—	13～20 (16.5)	40	50	—	13～20 (16.5)
12～14（歳）	50	60	—	13～20 (16.5)	45	55	—	13～20 (16.5)
15～17（歳）	50	65	—	13～20 (16.5)	45	55	—	13～20 (16.5)
18～29（歳）	50	60	—	13～20 (16.5)	40	50	—	13～20 (16.5)
30～49（歳）	50	60	—	13～20 (16.5)	40	50	—	13～20 (16.5)
50～69（歳）	50	60	—	13～20 (16.5)	40	50	—	13～20 (16.5)
70以上（歳）	50	60	—	13～20 (16.5)	40	50	—	13～20 (16.5)
妊婦（付加量）　初期					＋0	＋0	—	—
中期					＋5	＋10	—	—
後期					＋20	＋25	—	—
授乳婦（付加量）					＋15	＋20	—	—

(厚生労働省，2015)

　上述のようにタンパク質は，筋肉だけではなく酵素やホルモンなどの構成要素ともなっているが，とりわけ有酸素性持久系運動選手の場合など，タンパク質がエネルギー源となっているケースも多い。

　タンパク質は体内に摂取されると，いったんアミノ酸に分解されてから再び必要なタンパク質へと合成される。この過程で筋肉組成に必要なタンパク質の合成に必要なアミノ酸以外のものは，エネルギーとして消費されるか，または尿として排出されるか脂肪として蓄積される。ただ余分のタンパク質を分解するには肝臓や腎臓に負担をかけるので，これらに問題のある人の場合，とりわけ運動選手の場合は，過剰摂取に注意しなければならない。

　運動選手であっても，多量に摂取したからといって特にメリットがあるわけでもないことは理解しておく必要があるだろう。厚生労働省が定める推奨量は，タンパク質は一般的な健常，非活動の成人で体重1kgあたり0.8gとされているが，運動選手の場合でもその1.5倍ぐらいが適当とされている。ただし筋肉を肥大させたい場合は，炭水化物などで十分なカロリーが確保されていれば，体重1kgあたり2.0gで十分とされている。カロリー摂取が少なければ，筋肥大のトレーニングのエネルギー源として筋線維中のアミノ酸が使用され，逆に筋収縮をもたらす。

（2）炭水化物

　炭水化物の最も重要な機能は，エネルギー源である（1gで約4kcal）。とりわけ脳などの中枢神経系や赤血球細胞は，完全にブドウ糖のみがエネルギー源となる。体内では主に肝臓（70g＝280kcal）や，骨格筋でグリコーゲンとして貯蔵（400g＝約1600kcal）されている。またエネルギー源としての機能以外にも，細胞同士を連結させたり，酵素を活性化させる機能も持つ。

　炭水化物は大きく単糖類，オリゴ糖（少糖），多糖類，また消化ができない食物繊維に分けられる。単糖類（グルコース，フルクトース，ガラクトース）は1つの糖を持つ糖分子からなる。オリゴ糖（少糖）は2種類から10種類の糖分子からなり，多糖類は10個以上の単糖類から構成されている。

　ちなみに厚生労働省が定める健康な人のカロリー摂取のガイドラインとしては，1日のエネルギー摂取の50％以上70％未満を炭水化物，15〜20％をタン

表8-3　炭水化物の分類

分類	特徴	主なもの
単糖類	細胞のエネルギー源	グルコース ガラクトース フルクトース
少糖類 （オリゴ糖）	甘味の元	スクロース ラクトース マルトース
多糖類	炭水化物の主な貯蔵形態	でんぷん 繊維 グリコーゲン

表8-4　エネルギーの食事摂取基準：推定エネルギー必要量（kcal/日）

性別	男性			女性		
身体活動レベル	I	II	III	I	II	III
0～5（月）	—	550	—	—	500	—
6～8（月）	—	650	—	—	600	—
9～11（月）	—	700	—	—	650	—
1～2（歳）	—	950	—	—	900	—
3～5（歳）	—	1,300	—	—	1,250	—
6～7（歳）	1,350	1,550	1,750	1,250	1,450	1,650
8～9（歳）	1,600	1,850	2,100	1,500	1,700	1,900
10～11（歳）	1,950	2,250	2,500	1,850	2,100	2,350
12～14（歳）	2,300	2,600	2,900	2,150	2,400	2,700
15～17（歳）	2,500	2,850	3,150	2,050	2,300	2,550
18～29（歳）	2,300	2,650	3,050	1,650	1,950	2,200
30～49（歳）	2,300	2,650	3,050	1,750	2,000	2,300
50～69（歳）	2,100	2,450	2,800	1,650	1,900	2,200
70以上（歳）	1,850	2,200	2,500	1,500	1,750	2,000
妊婦（付加量） 　　　　初期 　　　　中期 　　　　後期				+50 +250 +450	+50 +250 +450	+50 +250 +450
授乳婦（付加量）				+350	+350	+350

（厚生労働省，2015）

パク質，20〜30％を脂質から摂取するのが好ましいとされている。例えば20歳で日常生活における活動レベルの低い（Ⅰ）の男性ならば1日のエネルギー所要量は2,300kcalとなるので，その50％にあたる1,150kcal以上を炭水化物から摂取するのが望ましいということになる。炭水化物は1gで4kcalのエネルギーがあるので，1,150kcalを炭水化物から摂取するには，4で割って187.5gの炭水化物が必要という計算になる。運動選手など必要とするエネルギー量が多い場合には，体重1kgあたりでは5gから8gの摂取が必要とされている。

表8-5 15〜69歳における各身体活動レベルの活動内容

身体活動レベル[1]		低い（Ⅰ） 1.50 （1.40〜1.60）	ふつう（Ⅱ） 1.75 （1.60〜1.90）	高い（Ⅲ） 2.00 （1.90〜2.20）
日常生活の内容		生活の大部分が座位で，静的な活動が中心の場合	座位中心の仕事だが，職場内での移動や立位での作業・接客等，あるいは通勤・買物・家事，軽いスポーツ等のいずれかを含む場合	移動や立位の多い仕事への従事者。あるいは，スポーツなど余暇における活発な運動習慣を持っている場合
個々の活動の分類（時間／日）で[2]	睡眠（1.0）	8	7〜8	7
	座位または立位の静的な活動 （1.5：1.1〜1.9）	13〜14	11〜12	10
	ゆっくりとした歩行や家事など低強度の活動 （2.5：2.0〜2.9）	1〜2	3	3〜4
	長時間持続可能な運動・労働など中程度の活動（普通歩行を含む） （4.5：3.0〜5.9）	1	2	3
	頻繁に休みが必要な運動・労働など高強度の活動 （7.0：6.0以上）	0	0	0〜1

1）代表値。（ ）内はおよその範囲。
2）（ ）内は，activity factor（Af：各身体活動における単位時間当たりの強度を示す値。基礎代謝の倍数で表す）（代表値：下限〜上限）。

（厚生労働省，2005）

　炭水化物は日常生活においても，また運動を行うにあたっても基本的なエネルギー源となるので，必要量に満たない量しか摂取しない場合には筋中のアミノ酸などからエネルギーが分解され，その結果，筋萎縮などを引き起こす可能性がある。そのため筋肥大などを目標に運動を行う場合にも，必要なカロリーを確保し筋グリコーゲンを確保しておくために十分な炭水化物の摂取は，タンパク質摂取に劣らず，必ず必要となってくるのである。

グリセミックインデックス（GI）

　糖尿病患者やスポーツ選手においては，炭水化物によって摂取するカロリーも重要だが，摂取した炭水化物がブドウ糖となって実際に血糖値として現れるのに要する時間も重要となる。グリセミックインデックスとはその時間の尺度をあらわすもので，ブドウ糖を100とする相対的な数値で示される。ただし実際にこれらの食物を摂取する時は，他の食品とまぜたり調理（すりおろしたり，ゆでたり，炒めたり）したりするので，この数値通りに表れるとは限らない。

　グリセミックインデックスが高い食品は血糖値がすぐに上がるので，インシュリンの分泌も活発になる。そのためスポーツ選手がグリコーゲンやグルコースを急いで補充したい時には，グリセミック指数の高い食品を選ぶのが望ましい。逆にグリセミックインデックスの低い食品を摂取すれば，直ちに血糖値が上がらないことから，脂肪の利用を活発にして炭水化物を節約する可能性もある。

表8-6　米飯を基準にしたグリセミックインデックス表（抜粋）

	米飯＝100	グルコース＝100
おにぎり（梅干し）	98	80
焼きおにぎり	94	77
もち	101	83
おしるこ	58	48
せんべい	111	91
寿司飯	67	55
卵かけご飯	88	72
ごはんと味噌汁	74	61
ごはんと納豆	68	56

（田中・久保，2004，国際 Glycemic Index 表より作成）

　ただ，個人差が大きく，料理法によっても数値が変わり，また日本食につい
てはまだ研究途上でもある。今後グリセミックインデックスの概念が糖尿病な
どの疾患だけでなく，スポーツパフォーマンス向上などに利用できないか，更
なる研究が期待されるところである。

カーボローディング

　スポーツ選手が試合に備えて筋グリコーゲンを体内に蓄えておくことをカー
ボローディングという。とくに持久系競技選手の場合には，体内のグリコーゲ
ン量がパフォーマンスに影響を及ぼすので，かなり効果的と考えられている。
方法としては，試合の1週間前から運動強度を徐々に減少させつつ，3日ほど
前から高炭水化物食を摂取することにより行われる。摂取する炭水化物の量は
1日に600g，または体重1kgあたり8gから10gとされている。

(3) 脂肪

　脂質は，トリグリセリド（中性脂肪），リン脂質，コレステロールなどの総
称で，脂肪という場合には主にトリグリセリドを指す場合が多い。メタボリッ
クシンドローム，肥満などが問題となっていることから，脂肪にはネガティブ
なイメージがつきやすいが，実は身体にとってなくてはならない栄養素である。

　脂肪もエネルギー源としての機能を持ち（1gで約9kcal）体内で一時的に
不要となったエネルギーは，主に脂肪の形で貯蔵される。細胞膜を構成した
り，臓器のクッション，体内の保温や断熱の機能もある。また，脂溶性ビタミ
ン（A，D，E，K）を運搬するのも脂肪の働きである。

　脂肪は，その物理的特性から，飽和脂肪酸と不飽和脂肪酸に分類される。飽
和脂肪酸は主に動物性脂肪で室温で固まり，コレステロールを上げる機能を持
つ。また不飽和脂肪酸は一価と多価があり，一価不飽和脂肪酸はコレステロー
ルに作用しないが，多価不飽和脂肪酸はコレステロールを下げるとされてい
る。脂肪は，食物の味，香り，歯ごたえや満腹感などの元にもなる。

　炭水化物・グリコーゲンは体内での貯蔵に限りがあるが，脂肪はほぼ限りな
く貯蔵が可能であり，長時間の有酸素系競技などでは重要なエネルギー源とな
る。強度の低い運動や休息時などは脂肪がエネルギー源として主に用いられて
いる。しかし強度が強くなると徐々に炭水化物がエネルギー源となってくる。

脂肪は炭水化物以上に体内での貯蔵が可能であり，また豊富に貯蔵されていることから，運動中に炭水化物ではなく脂肪を使用するための方法が研究されている。例えば，運動前に高脂肪食を摂取するとパフォーマンスが向上するかどうかは，その選手の食習慣や運動の種目などによって異なってくるようである。

2　ビタミン・ミネラル・水

（1）ビタミン

　ビタミンは体内で直接エネルギーを供給するものではないが，炭水化物・脂肪・たんぱく質によってエネルギーを発揮するにあたり，それを補う酵素としての役割を主に果たす。主に水溶性のビタミンC・B群と脂溶性のA・D・E・Kに分類される。水溶性ビタミンは体内では極少量しか貯蔵できないが，脂溶性ビタミンは多く貯蔵できる。しかしビタミンAは過剰摂取すると下痢や頭痛，疲労感などの害を及ぼすといわれており，特に妊産婦には注意が必要である。

　なおスポーツ選手がビタミンを過剰に摂取してもパフォーマンスの向上は確認されていない。しかしビタミンの不足はパフォーマンスに影響を及ぼすようである。ビタミンB1，B2，ナイアシンなど炭水化物などの代謝に関与するビタミンの不足は，パフォーマンスに影響を及ぼす。特に運動後の食事で十分なビタミンが補給されない場合があるので，注意が必要である。これらのビタミンの必要量は，エネルギーの必要量に比例しているからである。

表8-7　主なビタミンの効果

	ビタミン	効　果	主な食品（一部）
脂溶性	ビタミンA	視力保持，免疫機能，成長促進など	レバー，チーズ，卵黄
	βカロチン	抗酸化作用	にんじん，ピーマン，かぼちゃ
	ビタミンD	カルシウム吸収，骨量増加，筋機能向上など	魚介類，牛乳，シリアル
	ビタミンE	抗酸化，発ガン抑制，老化防止など	油，ナッツ，シリアル
	ビタミンK	血液凝固機能，骨の強化（カルシウム沈着）など	ケール，イチゴ，トマト
水溶性	ビタミンC	抗酸化，皮膚の健康，コラーゲン合成など	柑橘類，ピーマン，トマト
	ビタミンB1	炭水化物の分解促進，神経系の機能維持など	豚肉，シリアル，えんどう豆
	ビタミンB2	炭水化物・タンパク質・脂肪の代謝促進など	レバー，牛乳，卵，シリアル
	ナイアシン	糖・タンパク・脂肪代謝，神経系の機能促進など	大豆，牛肉，シリアル
	ビタミンB6	タンパク質分解，神経系・免疫系の機能促進など	レバー，バナナ，大豆，牛肉
	葉酸	赤血球形成，発育発達など	卵，レバー，海草，卵
	ビタミンB12	赤血球形成，神経系の機能促進など	レバー，卵，牛肉，豚肉
	ビオチン	脂肪代謝，ビタミンB群の補助など	ナッツ，レバー，牛乳，卵
	パンテトン酸	炭水化物・タンパク質・脂肪の代謝促進など	レバー，卵黄，大豆

（2）ミネラル

　ビタミンは有機化合物だが，ミネラルは元素そのものである。ミネラルの機能は様々だが，運動に関しては，酸素運搬（鉄，銅など），ホルモン合成（亜鉛，マンガンなど），骨の強度維持（カルシウム，マグネシウム，フッ素など），筋収縮と神経興奮への作用（カルシウム），糖・脂質・たんぱく質代謝（クロム）などがあげられる。

表8-8　主なミネラルの機能

ミネラル	効　果	主な食品（一部）
カルシウム	骨と歯の生成維持，筋収縮，神経伝達など	乳製品，イワシ，ケールなど
マグネシウム	神経と筋の円滑な作用，骨と歯の構成など	大豆，ナッツ，ほうれん草など
リン	カルシウムと骨と歯の生成，エネルギー代謝など	魚類，牛肉，豚肉，チーズなど
鉄	赤血球，ミオグロビン，酵素などの構成要素	レバー，豚肉，牛肉，シリアルなど
銅	骨や神経系の円滑な作用，タンパク合成など	レバー，ナッツ，牡蠣など
亜鉛	消化，代謝，生殖のための酵素に作用	肉類，牡蠣，エンドウ豆など
マンガン	炭水化物代謝，骨の生成など	ナッツ，小麦製品，シリアルなど
クロム	グルコース代謝など	豚肉，鶏肉，りんご，ビールなど
ヨウ素	身体の成長発育に作用，エネルギー代謝など	魚介類など
モリブデン	DNA，RNA，尿酸の代謝や産生など	乳製品，豆類，レバーなど
セレン	抗酸化，ヨウ素の機能を助けるなど	マグロ，サバ，マス，ヒラメ，レバーなど

（3）水

　人は食物なしでも1か月ほど生命を維持できるとされているが，水なしでは1週間ももたないといわれている。水は，人間の身体にとって各種栄養素以上に重要なものといえるのである。また，体内において脂肪は約20％が水分だが，筋肉はおよそ70％が水分であり，身体全体でもおよそ60％近くが水分とされている。水はまず体内における生化学反応の基盤となり，また栄養素や老廃物の運搬，体温調節などの機能を持っている。それだけに水分の不足は単に運動においてだけでなく，身体の基本的な機能を維持する上でも重大な問題になりかねない。とりわけ水分の不足による熱中症，体温上昇などには注意を払うべきで，運動による水分の喪失は，主に体重の減少によって把握することができるが，多量の水分喪失は運動のパフォーマンスだけでなく，生命にもかかわることを十分に認識する必要がある。

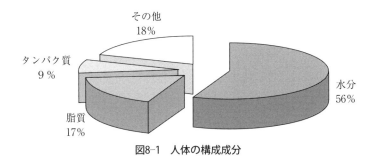

図8-1　人体の構成成分

　厚生労働省「健康のため水を飲もう推進運動について」のウェブサイトや環境省『熱中症保健指導マニュアル2006』などによると，尿や汗で失われた水分は，適宜摂取すれば体内の血漿浸透圧は一定に保たれるが，炎天下での運動中や後に水分補給を行わなかったりすると，水分摂取量が不足して血漿浸透圧が上昇し，のどの渇きや尿が濃くなるなどの現象が現れる。血液が濃縮すると，体内の細胞は内液と外液の移動による体液の維持調整がうまくいかなくなって循環に問題が生じ，酸素・栄養素の運搬や体温調節に問題が生じ，結果として熱中症を起こす可能性が高くなる。また，脳梗塞は，脳血管が詰まって脳組織に酸素や栄養素が行き渡らず，組織が壊死に近い状態になる疾患をいう。人口10万人に対する死亡率では男性57.7%，女性60.6%，総数59.2%で，日本人の死亡原因の中でも多くを占めており（平成25年人口動態統計），後遺症を残して介護が必要となることも多い。発症時間が夜間から早朝に多いのは，睡眠中に水分をとらないことによる影響が考えられ，また季節的に夏と冬に多いのも，夏の脱水と冬の運動不足などに起因するとされている。

　心筋梗塞は，冠動脈の血流量が下がり心筋が虚血状態となって壊死あるいはそれに近い状態になる疾患をいう。人口10万人に対する死亡率では男性25.2%，女性17.7%，総数21.2%で日本人の死亡原因の中でも非常に多い方に属する（平成25年人口動態統計）。エコノミークラス症候群（深部静脈血栓症）の予防にも水分補給が必要とされている。

　水の飲み方としては渇きを感じる前に定期的に時間を決めて水を飲むのが望ましく，就寝の前後，スポーツの前後・途中，入浴の前後，飲酒中あるいはその後というふうに水分を摂ることが重要である。水分摂取量が不足している人

第8章　運動と栄養

の方がそうでない人よりも多く，1日にコップ2杯の水を余計に取るほうが良く，多量の水分は早く胃を通過することから，不快でなければ少量ずつよりもゴクゴク飲むほうが好ましい。また少しの甘みは問題ないが，糖分や塩分が濃いと吸収に時間がかかり，またコーヒーなどカフェインを含む飲料は尿の量を増やすので注意が必要である。腎臓や心臓に疾患がある場合には，水分摂取について医師の指示に従う。

　運動を行う時は，特に脱水に注意を払わなければならない。その指標としては第一に体重減少が挙げられる。短期的な運動後の急激な体重減少は脂肪の減少と勘違いされやすいが，脂肪が1週間に数kg減少することはない。また脱水状態の慢性化は，パフォーマンス低下や暑熱障害の発生率が高くなる。また色が濃くて匂いの強い尿，排尿頻度の減少，安静時心拍数の増加なども脱水の兆候とされている。

第9章　生活習慣病と運動

1　生活習慣病とは

　生活習慣病は，1996年12月18日「生活習慣に着目した疾病対策の基本的報告について（意見具申）」の中で「食習慣，運動習慣，休養，喫煙，飲酒等の生活習慣が，その発症・進行に関与する疾患群」と定義されている。つまり，日々の生活に起因する様々な要素が原因となり，引き起こす疾患の総称を指す。ちなみに，図9-1にもあるように，日本人の死因の構成割合は1位「悪性新生物」（いわゆるガン），2位「心疾患」，4位「脳血管疾患」となっており，死因上位は生活習慣病が関連した疾患が起因したものになっている。

　なお，本章のタイトルにもある「運動」が不足することで引き起こされる状

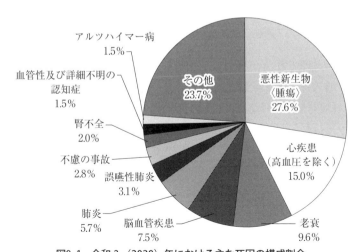

図9-1　令和2（2020）年における主な死因の構成割合
（厚生労働省「令和2年（2020）人口動態統計月報年計（概数）の概況」より筆者作成）

態が，肥満である。現代では食生活が豊かになり生活が便利になった反面，エ
ネルギーが過剰摂取となっていたり，日々の活動における消費カロリーが減少
したりしている。こういった背景が肥満者の増加につながり，生活習慣病が関
連する疾患の増加へとつながっている。したがって，生活習慣病と運動との関
係は深い。そこで本章では生活習慣病と運動をテーマに，肥満の判定方法や肥
満を予防・解消する運動の考え方について述べることとする。

2　肥満の判定

　肥満とは，内臓脂肪や皮下脂肪などの脂肪組織が体内に過剰に存在している
状態を指す。科学的に肥満を診断するためには体脂肪量の測定をする必要があ
り，もっとも簡便なものはインピーダンス法を用いた体重計での測定が挙げら
れる。しかし，測定時の水分状況等によって値が変化するため，正確な体脂肪
量の把握は困難である。また DEXA 法と呼ばれる測定方法も存在するが，機
器が高価であるため，そう簡単に測定できるものではない。したがって，日常
的な肥満の判定として用いられているのが BMI である。BMI は，次のような
計算式で求めることができる。

$$\text{BMI} \ = \ 体重(\text{kg}) \div \{身長(\text{m}) \times 身長(\text{m})\}$$

　この計算式から分かるように，BMI は身長と体重の数値を用いているだけ
であり，体内の体脂肪量を直接測定した値ではない。しかし，一般人における
BMI と体脂肪量との相関関係が認められていることから，これが肥満判定の
基準として用いられている。なお，日本肥満学会が定めた肥満度の分類を表9-1
に示した。18.5未満が低体重，18.5以上25までが普通体重とされ，25以上が肥
満と判定される。WHO が定めた基準は30以上となっているが，日本人の特性
に合わせた数値として25以上が肥満と定義されている。

　ただし，これは一般的な成人を対象にした分類である。体格が良くて鍛え抜
かれたアスリートは，筋肉量に比例した体重増加が要因となって BMI が高値
となり，「肥満」と判断されることがある。これは，減量介入が必要となる疾

表9-1 肥満度分類（小川・宮崎，2015）

BMI（kg/㎡）	判定	WHO 基準
<18.5	低体重	Underweight
18.5≦～<25	普通体重	Normal range
25≦～<30	肥満（1度）	Pre-obese
30≦～<35	肥満（2度）	Obeseclass Ⅰ
35≦～<40	肥満（3度）	Obeseclass Ⅱ
40≦	肥満（4度）	Obeseclass Ⅲ

注1）ただし，肥満（BMI ≧25）は，医学的に減量を要する状態とは限らない。なお，標準体重（理想体重）は最も疾病の少ないBMI 22を基準として，標準体重(kg)=身長(m)^2×22で計算された値とする。

注2）BMI ≧35を高度肥満と定義する。

患単位の1つである「肥満症」とは異なる。したがって，BMIによる判定をする場合はその点にも注意する必要がある。

　また，内臓脂肪量も肥満判定に考慮すべく，ウエスト周囲長で腹囲による基準が定められている。男性は85cm 以上，女性は90cm 以上が内臓脂肪型肥満とされる。ところが，これらに該当しない「隠れ肥満」が問題となる場合もある。これは，BMIや腹囲の数値が該当していなくても内臓脂肪が多い状態のことを指す。運動不足が原因の1つとも言われているため，BMIや腹囲で該当しなくても，運動不足を自覚している者は注意すべきである。

3　日本における肥満の現状と若年女性のやせ問題

　それでは，日本における肥満の現状はどうなっているのであろうか。それをまとめたグラフが表9-2である。各年代を男女別に，「やせ」「普通」「肥満」における割合を示した。男性は，40代50代の約4割が肥満である。また，女性は30代で肥満者が増加し，それ以後の年代でも肥満者の割合が増加する傾向が見られる。年代が上がるにつれて，男女ともに肥満者が増加傾向となることが分かる。ちなみに，新型コロナウイルスが猛威をふるっていた令和2年度と3年度は，この調査が実施されていない。調査が再開された際に，新型

第9章 生活習慣病と運動

表9-2　年代別による BMI の状況

	年代	やせ <18.5 (%)	普通 18.5≦～<25 (%)	肥満 25≦ (%)
男性	20代	6.7	70.1	23.1
	30代	5.1	65.5	29.4
	40代	1.7	58.6	39.7
	50代	2.4	58.4	39.2
	60代	4.0	60.5	35.4
	70代以上	4.5	67.0	28.5
女性	20代	20.7	70.4	8.9
	30代	16.4	68.7	15.0
	40代	12.9	70.5	16.6
	50代	10.6	68.7	20.7
	60代	9.4	62.5	28.1
	70代以上	9.7	63.9	26.4

（厚生労働省　令和元年国民健康・栄養調査報告「第17表の1 BMI の状況-年齢階級，肥満度（BMI）別，人数，割合-総数・男性・女性，15歳以上〔妊婦除外〕」より筆者改変）

コロナウイルスが日本における肥満に対してどのような影響を引き起こしたかについて，数値の変化を検討する必要があるだろう。

　加えて，20代女性のやせ割合の高さにも注目してほしい。これは，先進国の中でもかなり高い値となっている。これは，好ましい状況ではなく，むしろ良くない傾向である。つまり，若年女性における「やせ」が増加しているのは，肥満と同様に問題の1つとして捉えるべきである。この背景として考えられているのが，肥満を避けるがあまり，歪んだボディイメージが発端となる過剰なダイエットである。では，なぜ「やせ」が問題となるのか。それは，若年女性のやせが低出生体重児や妊娠期糖尿病につながる可能性が高いと報告されているからである。また，低出生体重児は成人後に生活習慣病になる確率が上がることも指摘されている。長期的な視点からみると，若年女性のやせ傾向が次世代以降の健康問題につながる可能性も否めない。

　さらに最近の報告で，BMI が18.5未満である若年やせ女性において，糖尿病のリスクが高くなることが明らかにされた（佐藤ら，2021）。食事量が少なく運動量も少ない若年やせ女性は，肥満ではなかったとしても，生活習慣病につ

ながる可能性が高くなる。次世代以降の健康問題だけではなく，当事者である若年やせ女性の健康も脅かしているという報告である。一見すると生活習慣病とは関係がないと思われる「やせ」ではあるが，「やせ」の背景に食事量や運動量の少なさがある場合，「これは健康ではないのだ」という意識を持つ必要があることも，ここで改めて認識してほしい。

4　肥満が関わる生活習慣病

　ここでは肥満との関わりが大きい生活習慣病として，特に糖尿病や高血圧症について述べる。

　糖尿病は1型糖尿病と2型糖尿病に分けることができるが，糖尿病全体の90％を占める2型糖尿病を「糖尿病」として説明する。糖尿病は，血糖値が慢性的に高い数値を示して戻らない状態を指す。本来は血液中のグルコースが増加したことに反応して，すい臓からインスリンというホルモンが分泌される。上がった血糖値を下げるホルモンの1つであり，これがきちんと機能することで，血液中の血糖値が下がる。しかし，肥満により過剰に脂肪を体内に蓄積することで，インスリンを効きにくくさせる因子が多数分泌される。また，肥満の要因の1つであるとされる運動不足が続くと，筋肉組織でインスリンが効きにくくなる。その機序は，次の通りである。運動をすると筋肉組織へ酸素や栄養を送るために血流は増加する。しかし，運動不足ではそういった現象は起こらない。このような状態が続くことは血流の低下を引き起こし，インスリンを筋肉組織の隅々まで運ぶことができず，結果としてインスリンが効きにくくなってしまうのである。

　加えて，糖尿病の3大合併症として，①網膜症，②腎症，③末梢神経障害が挙げられる。網膜症は最悪の場合は失明に至る可能性があり，腎症では腎臓の血管が劣化して機能が低下することで人工透析が必要になる場合がある。末梢神経障害では手足のしびれなどの症状が出るなどし，末端部分が死滅する壊疽になることもある。他に，糖尿病がガンのリスクやアルツハイマー病の発症率を上げるとの報告もある。このように糖尿病の合併症も考えると，恐ろしい

疾患であることがよくわかるだろう。ちなみに，表9-3は令和元年国民健康・栄養調査から糖尿病の指摘の有無を年代別に表した表である。男女ともに60代以降から糖尿病患者が増加していることがわかる。20代から40代での割合はかなり小さいが，この年代における運動不足をはじめとする生活習慣の乱れが，60代以降の糖尿病発症へつながっている可能性は高い。糖尿病になってから生活習慣を見直すのではなく，若い頃から自身の生活習慣について振り返るきっかけとしてほしい。

　次に，高血圧症について述べる。まずは，表9-4を見てもらいたい。令和元年の国民健康・栄養調査から年代別による高血圧症の有病者の状況を示している。男性では50代の約半数，女性は60代の約半数が高血圧症であることがわかる。糖尿病以上に高血圧症である者の多さが，この表からみてとれる。

　では，高血圧症はどのような疾患であるか。一般的には，診察室で測定した収縮期血圧が140以上，または拡張期血圧が90以上であれば，高血圧であると

表9-3　年代別による糖尿病の指摘の有無

	年代	あり (%)	なし (%)
男性	20代	3.6	96.4
	30代	7.8	92.2
	40代	11.3	88.7
	50代	17.1	82.9
	60代	30.1	69.9
	70代以上	26.4	73.6
女性	20代	0.0	100.0
	30代	5.3	94.7
	40代	4.3	95.7
	50代	9.0	91.0
	60代	16.8	83.2
	70代以上	20.4	79.6

（厚生労働省　令和元年国民健康・栄養調査報告「第50表糖尿病の指摘の状況－糖尿病の指摘の有無，年齢階級別，人数，割合－総数・男性・女性，20歳以上」より筆者改変）

表9-4　年代別による高血圧症有病者の状況

	年代	高血圧症有病者 (%)	正常高値血圧者 (%)	上記以外 (%)
男性	20代	9.1	12.7	78.2
	30代	8.1	4.8	87.1
	40代	37.7	13.9	48.4
	50代	52.3	9.8	37.9
	60代	65.7	13.2	21.1
	70代以上	69.1	11.5	19.4
女性	20代	0.0	1.9	98.1
	30代	3.4	1.7	95.0
	40代	11.8	9.5	78.6
	50代	26.3	13.8	59.9
	60代	50.1	13.1	36.8
	70代以上	68.3	8.6	23.1

（厚生労働省　令和元年国民健康・栄養調査報告「第55表高血圧症有病者の状況－高血圧症有病者の状況，年齢階級別，人数，割合－総数・男性・女性，20歳以上」より筆者改変）

診断される。しかし，診察室等で測定した血圧は，家庭に設置した機器で測定した血圧より高くなることが多い。そのような背景から，家庭血圧において，収縮期血圧が135以上，または拡張期血圧が85以上であれば高血圧と判断する。ただし，至適血圧（高血圧に伴う合併症の発症や進行を予防するために望ましいとされている血圧値）は，収縮期血圧が120未満，かつ拡張期血圧が80未満とされている。今後のために，この数値を意識しておくことも必要であろう。

　このように，日本では中年期以降に高血圧症として診断される割合が多いが，高血圧症の大半は自覚症状がなく，無自覚のまま進行する。血圧の高い状態が続くことで，血管への負荷が大きくなる。これが，血管が固くなって弾力性を失う動脈硬化へとつながり，最悪の場合は脳や心臓の血管が詰まって起こる脳梗塞や心筋梗塞が発症する危険性にもなり得る。知らない間に進行していた症状が命の危険にも関わるような疾病にもつながりかねないため，「サイレントキラー」とも呼ばれている。

　このように怖い高血圧症も，運動不足による肥満が大きな原因の一つである。もちろん，塩分の過剰摂取や喫煙も高血圧症に至る要因として挙げられるが，高血糖な状態が続くことも血管の劣化を進行させるとわかっている。高血糖な状態を作り出すのは，栄養面でのアンバランスさはもちろん，運動によって血中のグルコースを消費できていないことも関係している。糖尿病の最大の原因として挙げた運動不足からの肥満は，同時に高血圧症へつながることにもなり，肥満がかかわる生活習慣病の中でも私たちに大きな影響を及ぼしている。

5　運動処方の考え方

　これまで述べてきたように，運動不足による肥満が生活習慣病を引き起こす大きな原因の一つである。ここでは，運動不足や肥満を解消するために必要な運動の考え方やその方法について述べる。

　利便化が進んだ現代において，身体活動量の減少が顕著である。身体活動とは，生活活動と運動のことを指す。生活活動とは，通勤通学時の移動で歩いたり，家事で体を動かしたり等，日常生活の中で体を動かす機会のことである。

運動とは，時間を決めて定期的にスポーツや余暇時間の散歩やジムなどで行うトレーニングを，日常生活外の時間で行うこととされている。数十年前の日本では，労働や通勤通学・家事等でたくさん体を動かす機会があり，生活活動量は十分であったと考えられる。しかし，様々な面において便利になった現代では，生活活動量が大きく減っている。それに加えて，2020年2月から始まった新型コロナウイルスによる影響で，テレワークやオンライン授業等が増加したことによっても，身体活動量の減少はさらに進んでいる。このように，生活運動量が必然的に減少してしまった現状を考慮すると，生活活動量だけではなく運動量をどのように増加させていくかが，肥満の予防や解消のために重要となる。

　まず生活活動では，普段の生活で少しでもその活動量を挙げる工夫が必要であろう。例えば，エスカレーターやエレベーターを使わずに階段で上がる，移動時の歩行はいつもより少し大股で早歩きを心掛ける等が挙げられる。日々の生活で座っている時間帯の多さを認識しているのであれば，「いつもより体を動かすこと」を心掛けることが，生活活動量の改善へとつながる。なお，1日に合計して60分以上動いたり歩いたりしているかどうかが，1つの目安となる。あなたの1日の行動を振り返った際に，この目安はクリアできているだろうか。仮にこの目安をクリアできていたとしても，かなりハードな肉体労働等に従事していない限り，生活活動を増加させる工夫をしただけで満足するべきではない。なぜなら，生活習慣病を予防するためには，積極的に運動を取り入れることが求められているからである。

　その運動量の目安として，厚生労働省が掲げる『健康づくりのための身体活動基準 2013』がある。そこで挙げられているのが「週2日以上1回30分以上の運動」で，強度として推奨されているのは「息が弾み汗をかく程度」である。なお，これは健康な成人を対象にした値である。既に何らかの病気を抱えている者や生活習慣病予備軍（保健指導レベル）の者は，医師の指導の下で運動に取り組んでほしい。運動の種類については，生活習慣病の予防を目的とするのであれば，有酸素運動であることが望ましいとされている。例えば，ウォーキングやジョギングなどである。これらの種目の具体的な運動処方については，第12章を参考にしてほしい。1人でいつでも簡単に行うことができ

る運動を習慣づけることができれば，前述した基準を達成することができるだ
ろう。

　ちなみに，前述した運動を1年以上にわたり実施している人が運動習慣者
として定義づけられている。では，現代の日本には運動習慣者はどれくらい存
在しているのか。令和元年度国民健康・栄養調査によると，運動習慣のある者
は28.7%と報告されている。年代別に見ると，20代から30代の運動習慣者が全
年代の中で少ないことがわかる（表9-5）。しかし，特定健診・特定保健指導の
対象になる前に該当する20代30代から，運動習慣を身につけることが重要で
ある。40代になって健康診断で運動不足を指摘されてから取り組み始めるので
はなく，それまでにいかに運動習慣を身につけることができるか。長期的な視
点での運動への取り組みが，生活習慣病を予防することにつながる。本章を
きっかけに運動の重要さに気づき，それが「運動をやってみよう」と行動を起
こす1つのきっかけになれば幸いである。

表9-5　年代別による運動習慣の有無

	年代	運動習慣あり (%)	運動習慣なし (%)
男性	20代	28.4	71.6
	30代	25.9	74.1
	40代	18.5	81.5
	50代	21.8	78.2
	60代	35.5	64.5
	70代以上	42.7	57.3
女性	20代	12.9	87.1
	30代	9.4	90.6
	40代	12.9	87.1
	50代	24.4	75.6
	60代	25.3	74.7
	70代以上	35.9	64.1

（厚生労働省　令和元年国民健康・栄養調査報告「第60表運動習慣の
有無－運動習慣の有無，年齢階級別，人数，割合－総数・男性・女
性，20歳以上」より筆者改変）

第9章　生活習慣病と運動

III

実 践 編

第10章　トレーニングの効果

1　トレーニングと体力

　トレーニングとは，身体における器官や組織の形態や機能を，目的とする方向に改善するための身体運動の手段のことを指す。トレーニングと聞くと，競技力向上のために，一流スポーツ選手が行う身体運動のことだけを指すように思われがちであるが，決してそうではない。一般の人が，健康や体力の維持増進のために行う身体運動も，病気や怪我をした人が，機能回復を目指して行う身体運動も，すべてトレーニングである。

　このように，トレーニングを行う者が異なれば，その目的の程度も異なる。しかし，体力の諸要素をいかに効率よく高めるかが，どのようなトレーニングにも重要なことである。よって，まず体力の概念について述べる。

体力とは

　体力とは，人間がさまざまな活動を行う上で，基礎となる身体的・精神的な能力を表している。また，これらはさまざまな特性や分類を持つ。まず，広義の体力概念として，精神的要素と身体的要素に分けられる。それらはさらに，狭義の防衛体力と行動体力に分類することができる。それをまとめたのが，図10-1である。

　精神的要素の防衛体力には，打たれ強いといったような精神的ストレスに対する抵抗力が挙げられる。また，行動体力については，意志や意欲などの精神力がある。

　身体的要素の防衛体力は，生命維持に関係している。例えば，風邪をひきにくい，暑さや寒さに強い，といったことである。一方，行動体力については，形態としての体格や姿勢などが挙げられる。機能としては，全身持久力や筋

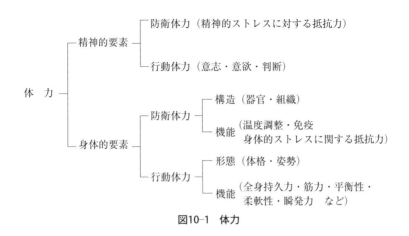

図10-1　体力

力・平衡性・柔軟性・瞬発力などの運動要素を含んでいる。

　これらすべての要素を含めて，体力と定義される。よって，これらを効率よく高めることを意識しながら，トレーニングを進めていくことが重要である。

2　トレーニングの原理

　効果的なトレーニングを行うためには，運動ストレスの内容とその効果との関連を考える必要がある。ただひたすらにトレーニングを行えばいい，というものではない。どのような目的のトレーニングを行う場合でも，すべてに共通するトレーニングの原理に基づいてなされるべきである。

　それは，①過負荷の原理，②特異性の原理，③可逆性の原理の3つである。これらは，トレーニングの効果の現れ方を，最も端的に表している。また，これらの原理は，一流スポーツ選手に限定されるものではない。競技者・非競技者にかかわらず，この原理を理解した上でトレーニングを進めることが，効果的なトレーニングを行うにあたって重要である。

（1）過負荷（オーバーロード）の原理

　一定水準以上の運動ストレスを身体に与えないと，有効なトレーニング効果

が望めないことを意味する。トレーニング開始当初に設定した運動ストレスで
トレーニングを続けても，トレーニング効果は現れない。各個人の身体の発達
や体力の向上に合わせて，徐々に運動ストレスを重くしていくことが，効果的
なトレーニングを行うために必要である。

　この原理について，古代オリンピックのレスリングで活躍したミロの逸話が
挙げられる。ミロは，成長する子牛を毎日持ち上げるトレーニングを行ってい
た。つまり，成長していく子牛は，徐々に重くなる運動ストレスである。その
トレーニングを毎日行っていたことで，有効なトレーニング効果を得られ，古
代オリンピックで6回も優勝できたという話が残っている。

（2）特異性の原理

　トレーニングをすれば，どのような効果でもあるというものではなく，与え
られた運動刺激に対応している体力にのみ，効果が生じるということである。
つまり，実際のトレーニングに関係する動作様式や，使用した筋肉の活動様
式・力，およびスピードの発揮水準などを反映する変化が，トレーニング効果
として現れてくる。

　例えば，ウエイトトレーニングを行えば，その部位の筋力が向上するし，長
時間のランニングを行うことによって，呼吸循環系機能の改善が期待できる。
スピードを培いたいのであれば，スプリント走を行うべきであろう。また，柔
軟性を向上させたいのであれば，ストレッチングが有効である。

　このように，各個人が向上させたい運動要素に合わせてトレーニングを行う
ことで，効果的なトレーニングが行えるのである。

（3）可逆性の原理（継続性の原理）

　トレーニングによって獲得した効果は，一生続くものではない。トレーニン
グを中止してしまったり，運動ストレスの与え方に規則性がなくなってしまえ
ば，やがてその得られた効果が消失してしまうということである。つまり「ト
レーニングの効果を貯めておくことはできない」のである。

　また，トレーニング効果の減少の程度や経時的変化の状態は，機能によって
異なる。トレーニング効果を獲得するに至ったトレーニング内容の影響も，そ

れらに関係してくる。

よって，これらの原理を踏まえながら，各個人の年齢や体力・競技力の水準・効果の程度を確認しながらトレーニングを実施することで，より効果的なトレーニングを行うことができる。

3　トレーニングの原則

トレーニングの原理の重要性を示すものとして，さらに，6つのトレーニングの原則が挙げられる。ここでは，その6つの原則について述べる。

（1）意識性の原則

トレーニングを行う者が，行うトレーニングの内容・目的・意義をよく理解しておかなければならないということである。また，これはトレーニングを指導する者にとっても同様である。指導者がトレーニングの持つ意味や方法・効果について説明を行い，トレーニングを行う者の理解を得ることで，より効果的なトレーニングを行うことができるのである。

（2）全面性の原則

身体的能力（体力・運動技術）および，精神的能力（意思・意欲）を総合的に高めることである。体力トレーニングに限定すると，体力の構成要素をバランスよく高めていくことが大切だといえる。自分の得意種目や部位に関するトレーニングに偏りがちになってしまうところを，総合的に能力を高めようとしていくことで，全身にわたる効果が期待できるのである。

特に，非競技者や発育期の児童・生徒を対象としたトレーニング，また，競技者における基礎的な身体づくりの原則として，重要である。

（3）専門性の原則（※競技者対象の原則）

特定の身体的能力，または精神的能力を高めるようにすることである。競技選手を対象にしたトレーニングの場合，競技の特性に合う能力を獲得できるト

レーニング内容にすることが必要だ。

（2）の全面性の原則と対をなすが，2つの原則を反映する内容がトレーニングに盛り込まれるよう意識するべきである。また，これらの比率を，競技選手の体力や競技力水準・試合日程に合わせていかに調節するかが，競技成績に大きく影響する。

（4）個別性の原則

トレーニングの実施内容を，個々の実施者の能力に応じて決めることである。性別や年齢，体力レベル・健康状態・意欲・経験などが，トレーニング内容を決定する際に考慮すべき点である。

（5）漸進性の原則

体力や競技力の向上に伴い，運動強度・量・技術課題をだんだんと高めていく必要がある。つまり，新たな適応を生むために，過負荷の原理と個別性の原則を踏まえながら，運動ストレスの内容を量・質の点で，少しずつ高めていくべきである。また，定期的に体力テストを行うことで，効果の確認をしたり，トレーニングプログラムの再検討を行ったりする必要性を示す原則でもある。

（6）反復性・周期性の原則

トレーニングの効果を認めるまでには，長期間・定期的にトレーニングを継続・反復することが必要である。反復性については，1日当たりや1週間当たりに行う，トレーニングの実施回数が反映されることを示す。また，周期性については，期分け（ピリオダイゼーション）を考慮しながらトレーニングを行うことが重要である。

ここで大切なのは，運動と休息との関係を無視しないことである。疲労を回復させながら，身体に波状的に運動ストレスを与えていくことが，効果的なトレーニングを行う上で必要である。

このようなトレーニングの原理原則を理解した上で，トレーニング内容を組み立てて実践することが，効果的なトレーニングを行うために重要である。

4　筋力トレーニング

　筋力トレーニングを行うことで，筋力を向上させたり，体型を変化させたりすることができる。また，筋力がつくことで，安静時の代謝量が増加するため，ダイエット効果も期待できる。他にも，怪我や故障の予防，リハビリの一環としても行われている。

　筋力トレーニングの種類は，具体的には次の方法が挙げられる。

（1）アイソメトリクス（等尺性筋力）トレーニング

　関節を固定し，筋肉の長さを変えないで，緊張を維持している状態で行うトレーニングのことである。動きを伴わないため，単調な運動になりやすい。道具を必要としないため，どこでも手軽にトレーニングができるが，実際の運動場面に効果のあるトレーニングとは言いにくい。

　アイソメトリクストレーニングの例として，両方の手の平を胸の前で合わせて押し合わせたり，指をひっかけて外側へ向かって引いたりすることが挙げられる。このとき，力をいれて呼吸を止めてしまわないように，自然な呼吸をするように心がける。

　その処方であるが，全力に近い力を入れた状態を，4～6秒間維持するのを1セットとし，それを5～10回反復するトレーニングを行うことが，最も効果的であるとされている。また，全力に近い状態ではなく，40～50％であれば15～20秒間維持をして，60～70％の力であれば6～10秒間維持することが必要である。

（2）アイソトニック（等張性筋力）トレーニング

　関節を動かしながら，筋肉の長さも変えながら行うトレーニングのことである。筋肉の長さを短縮させて力を発揮することを，短縮性収縮（コンセントリック）といい，筋肉の長さを伸長させて力を発揮することを，伸張性収縮（エキセントリック）という。短縮性収縮よりも伸張性収縮の方が，負荷が高

い。一般的に「筋力トレーニング」と呼ばれているものは，このトレーニング
を指している。

　たとえば，手にダンベルを持って上に持ち上げようと肘を曲げたとき，上腕
二頭筋（力こぶのできる方）は短縮性収縮の状態にある。逆に，下に降ろそう
として，曲げていた肘を伸ばすときは，上腕二頭筋は伸張性収縮の状態である。

　その処方であるが，1 RM を基準として，まず強度を決定する。RM は，最
高反復回数，つまり，かけた負荷の重さを最大で何回反復することができる
か，ということを表す指標である。よって，1 RM は，1 回だけ反復できる重
さのことをいう。この 1 RM を基に，その人の負荷強度を決定する。

　負荷強度の決定も，目的に合わせて異なる。筋肥大を目的とするのであれ
ば，1 RM の80～60％で，10～15回反復を行う。セット間の休息は，30秒～
1 分30秒の間である。セット数であるが，大きな筋肉群であれば，最低 3
セットは必要である。筋持久力を向上させたい場合は，1 RM の50～30％で，
45～60回反復を行う。セット間は，30秒以下にする。

（3）アイソキネティックス（等速性筋力）トレーニング

　関節の回転速度や作用を及ぼす部分のスピードを，一定に保つようにプログ
ラムされたマシーンで行うトレーニングである。関節の可動域すべてにおい
て，常に最大筋力を発揮できる特徴がある。ただし，特別なマシーンを使用す
るため，どこでもできるトレーニングではない。

　このように，大きく分けて 3 種類の筋力トレーニングを挙げることができ
る。また，これらのトレーニングは，前に述べたトレーニングの原則にした
がって行うべきである。加えて，自分の目的に合わせて，これらのトレーニン
グを使い分けることが必要である。

5　持久力トレーニング

　持久力トレーニングを行うことで，心拍数や呼吸数が減少したり，エネルギー源として脂肪や炭水化物を使用するため，ダイエット効果も期待できる。そのため，スポーツ選手の有酸素的持久力の向上のためだけではなく，生活習慣病の予防や改善の方法としても，よく取り入れられている。

　持久力トレーニングの種類には，具体的には次の方法が挙げられる。

(1) LSD

　LSD は，long slow distance を略したもので，長い距離をゆっくりとしたペースで走るトレーニングのことである。具体的には，会話をし続けることができるくらいのペースで，主に道路で30分〜 2 時間程度走ることをいう。長時間動き続けるため，エネルギー源として脂肪の利用を増加させ，減量には効果的である。苦痛を伴うような，厳しいトレーニングではないため，一般の人にはもっとも取り組みやすいトレーニングである。

(2) ペーストレーニング

　これは，LSD よりも速いペースで走り続けるトレーニングであり，このトレーニングを続けることで，ランニング効率が向上したり，スピード持久力が養われる。

(3) インターバルトレーニング

　これは，ある一定の距離を決められたタイムで走る急走期と，ジョギングによる休息期を 1 セットとして考え，このセットを何回か繰り返すトレーニングである。急走期の距離によって，2 種類のインターバルに分けることができる。1 つ目のショート・インターバルは，200〜400m を走る。休息期は急走期時間の 2 〜 3 倍であり，それを20〜50セット繰り返す。2 つ目のロング・インターバルでは，1,000〜2,000m を走る。休息期は急走期時間と同じで，それを

5〜15セット行う。

このトレーニングを行うことで，心臓を中心とした呼吸循環器系の改善が期待できる。

（4）レペティショントレーニング

このトレーニングも，急走期と休息期を組み合わせて行う。インターバルトレーニングよりも，レペティショントレーニングの方が急走期の距離が長い。また，休息期も急走期の約5倍必要となるため，長い回復時間を要する。セット数は，急走期のスピードが設定タイムよりも急激に遅くなった時に中止とする。1,000mであれば，だいたい2〜5セットの間で中止となる。

このトレーニングでは，ランニングスピードの向上や無酸素的な代謝能力を高めることができる。

（5）ファルトレクトレーニング

ファルトレクトレーニングは，砂浜や森林・芝生などの，自然環境の地形を利用して行うトレーニングである。不整地を走るため，トラックや道路は走るときには使わない筋肉も使用しながら，練習することができる。競技選手は，ゴルフ場を使用してトレーニングをする場合もある。また，上り下りのあるところを積極的に走ることで，心肺機能も鍛えることができる。

自然の中で行うトレーニングであるため，リフレッシュ効果や気分転換にも効果的である。

以上が，持久力トレーニングの種類である。ただ，（2）〜（4）のトレーニングについては，競技選手が行うようなトレーニングのイメージが強いと思われる。しかし，距離や設定タイムを自分の現在の能力に合わせて行えば，一般の人でも十分に行うことができるトレーニングである。ただし，体にかかる負荷は，（1）よりもかなり高いため，注意してトレーニングを行う必要がある。

自分の能力と目的に合わせながら，これらのトレーニングを組み合わせて，持久力トレーニングをすすめていくとよい。

6　その他のトレーニング

　これまでに，筋力トレーニングと持久力トレーニングの代表的なものについて紹介した。他にも，さまざまな方法で効果を得ることができるトレーニングが存在する。ここでは，プライオメトリクストレーニングと加圧トレーニングについて取り上げる。

（1）プライオメトリクストレーニング

　このトレーニングは，一瞬のうちに爆発的な力を発揮するための能力を鍛えるトレーニングである。また，スポーツ動作の素早い切りかえしを行う能力を培うトレーニングとしても有効である。ただし，かなり高い負荷がかかるトレーニングであるため，その実施には注意が必要である。

　実施する際の注意事項としては，ある程度の筋力を身につけておくことが必要である。また，自身の体重が負荷としてかかるため，体重の重い人は実施する強度や量に注意しなければならない。初めは強度を低めに設定し，正しいフォームを習得することに重点を置いた方がよい。

　プライオメトリクストレーニングの具体例として，その場ジャンプやバウンド，デプスジャンプなどが挙げられる。その場ジャンプでは，垂直方向に高くジャンプすることと，ジャンプ時に膝を曲げないようにすることを意識する。足首の上下運動だけで地面をキックし，ジャンプするようなイメージでおこなう。バウンドは，片脚で連続的にジャンプをしながら前進するトレーニングである。ボックスドリルは，30cmから60cmくらいの台から踏み出し，両足で着地後（膝は曲げていてよい）すぐにジャンプ動作を続ける。地面に足がついている時間をできるだけ短くするように意識する。

　また，上半身を使うプライオメトリクストレーニングとしては，メディシンボール（重量のあるボール）を用いたトレーニングなどが挙げられる。

第10章　トレーニングの効果

（2）加圧トレーニング

　加圧トレーニングとは，腕や足の付け根に特別なベルトを巻いて，血流を適度に制限した状態で行うトレーニングである。軽い負荷で，高い効果が得られるということで，多方面においてこのトレーニングが取り入れられているようである。

　具体的な効果として，①血行がよくなる，②血管の増加，③活性酸素の刺激，④成長ホルモンの上昇，などが挙げられる。一時的に血流に制限を与えることで，これらの効果を生むのである。したがって，ベルトを巻いて特別なトレーニングを行わなかったとしても，ベルトを巻くだけでその効果を得ることができる。そのため，スポーツ選手の競技力向上のためのトレーニングだけではなく，病気や怪我のリハビリ，美容や健康のためのエクササイズとしても，かなり有効なトレーニングである。

　トレーニング内容については，腕や足の付け根にベルトをまいてトレーニングを行うというだけで，特別なトレーニング内容というものは存在しない。通常行っているトレーニングを，ベルトを巻いて行うというくらいである。ただし，通常行っている負荷でトレーニングを行っていても，かなり厳しく感じられる。

　加圧トレーニングを実施する際には，資格を持った指導者のもとでトレーニングを行わなければならない。人それぞれ，ベルトの圧力の強さや，トレーニングプログラムが異なってくるためである。よって，加圧トレーニング本部に認定された指導者のもとで，目的に合わせたトレーニングプログラムを実施することが，効果的に加圧トレーニングを行ううえで重要である。

第11章　ストレッチング

　アメリカのボブ・アンダーソン氏が火付け役となって知られるようになった
ストレッチングは，現在では子どもから大人まで，スポーツをする前のウォー
ミングアップ，運動後のクーリングダウン，リラクゼーションなどいろいろな
ところで利用されるようになった。さらに，様々なストレッチングの種類も出
てきている。本章では，ストレッチングにおける生理作用を解説し，その注意
／留意点や，ストレッチングの参考例などを紹介する。

1　ストレッチングとは

　ストレッチングとは，「伸ばす／伸張」という意味である。人体においてス
トレッチングとは，主に筋肉を伸ばすことを指している。

ストレッチングを行う際の注意／留意点
①心臓や循環器系に問題がある人
　筋肉を動かすことにより血液の流れが生じる。そのため，心臓や循環器系
（血管等）に問題のある人は，医師の許可を得てストレッチングすることを強
くお勧めする。
②急性の外傷（骨折，靭帯損傷，肉離れ等）や病気の時
　このような場合においても，けがのケースによってはストレッチングを行う
場合もある。その際には，必ず専門家の指示と監督の下でストレッチングを行
うこと。
③痛みが増すような時
　ストレッチングを行うことによって痛みが増すような時は，ストレッチング
を中止し，医師等専門家の指示をあおぐこと。

2　ストレッチングを始める前に

（1）解剖学的知識を得る
①筋肉の起始と停止
どこからどこまで筋肉があるのかを理解しておくと，ストレッチする筋のイメージが湧きやすい。

②筋肉同士の連結
ひとつひとつの筋肉は，単独で存在する筋もあれば，お互いが連結しあっている筋もある。筋肉の張りが，実は別の筋の過緊張によって引き起こされている場合もあるので，様々な視点から伸ばす必要のある筋を見きわめ，ストレッチできるようになることが大切である。

③3次元的にとらえるイメージ
筋肉は単に上下に走行しているだけでなく，微妙に斜めであったり，浅部から深部へと走行していたり，厚みもあり，筋肉を3次元でとらえる能力があると，さらなるストレッチのイメージが湧きやすい。

④関節の動き
骨と骨が連結している部位を関節と呼ぶが，どのような形の骨同士が連結しているかを知っておくと，動かせる範囲や方向がイメージしやすくなる。

（2）生理学的知識を得る
①体温，筋温の上昇
運動を行うことによって体温や筋温は上昇するが，ストレッチングも，およそ2.5METs程度のエクササイズである。体重60kgの人が15分間行えば，37.5kcal消費することになる。よってストレッチングも，体温，筋温の上昇を促すことが考えられる。

②筋緊張の緩和
心身のストレスは，交感神経の活動を活性化させ，人体の様々な機能を「闘うモード」に切り替える。その際は筋肉も緊張する。上手くストレスをコント

ロールできないと，そうした緊張状態が続くことになる。緊張した筋肉に，ストレッチングによる気持ちのいい刺激を与えることができれば，心身のリラクゼーションを獲得でき，筋の緊張も和らげられる。

③疲労物質の除去

　筋肉は血液を流すポンプの役割も担っている。運動を急激にやめると，そのポンプ機能が低下し，運動中のように血液を循環できなくなって，末梢エリアに疲労物質が蓄積してしまう可能性が出てくる。運動後にストレッチングを行うことで，ポンプ機能によって血液の循環を促し，疲労物質を速やかに除去できると考えられる。

3　ストレッチングの目的・効果・方法

どのような目的でストレッチングを利用するか

・主運動のウォーミングアップで体温や筋温を上げたい

・精神的ストレスを和らげるリラクゼーションで

・理由は様々だが，柔軟性を獲得する手段として

・ちょっとしたダイエット・エクササイズとして

・疲労回復を早める一手段として

どのような効果や結果を期待したいか

・冷えを改善する

・主運動に入りやすい

・体が動きやすい

・ケガが起きにくい

・主運動のパフォーマンスを向上させる

・気持ちが落ち着く（気持ちが良い，リラックスできる）

・疲れにくくなる（回復が早まる）

どのようにストレッチングを行うか

　①自分ひとりで行う（セルフストレッチング）――最初は専門家について指導を受けることが望ましい。

②パートナー（パートナーストレッチング）と一緒に行う——専門家にパートナーをお願いすることが望ましいが，そうでないならば，適切に行えるように専門家の講習を受けることが望ましい。

4　ストレッチングの種類

スタティック・ストレッチング

これは別名「静的ストレッチング」ともいわれ，ボブ・アンダーソン氏によって広められたストレッチング法である。反動や弾みをつけずに，筋肉をゆっくりと伸ばし，その伸展した状態をしばらく維持する（10〜30秒）。自分ひとり，もしくはパートナーの助けを借りて行う。

ダイナミック・ストレッチ

伸ばそうとしている筋肉と反対の筋肉（拮抗筋）を繰り返し収縮させて，最後に伸ばそうとしている筋肉をスタティック・ストレッチングする方法である。あまり反動をつけすぎると筋肉に損傷を与える可能性があるので注意する。

バリスティック・ストレッチ

いわゆる「ブラジル体操」で，反動や弾みをつけて行うストレッチである。一般には同じ動作を8〜12回繰り返す。競技種目に合わせたストレッチができるのが利点だが，反動や弾みをつけるので，伸張反射が出やすく筋の収縮が繰り返され，かえって関節の可動性を狭めてしまったり，タイミングが悪いと筋肉に損傷を与えてしまったりするので注意する。

徒手抵抗ストレッチ（アイソメトリック法）

伸ばしたい筋肉にしばらくの間アイソメトリックな筋収縮を起こさせ，その後，力を抜かせてストレッチをする。比較的短時間で可動域の拡大が獲得できるが，熟練したトレーナーもしくはパートナーを必要とする。テクニックを誤ると筋肉や関節に損傷を与えてしまう可能性があるので注意する。

①スタートポジションは，痛みのない関節角度から

②徐々に力を発揮させる（5カウント）

③力を一気に抜きリラックスさせる

④リラックスしている間にストレッチ

⑤初めの関節角度より広げた位置から始める

⑥②〜⑤を３〜５回繰り返す

その他のストレッチ

この他にも，徒手抵抗ストレッチ（アイソトニック法），クライオストレッチ，カウンターアクティビィティストレッチやコンプレスストレッチなどがあるが，ここでの説明は割愛することにする。

5　ストレッチングの方法と注意点

図11-1（次頁）に，セルフストレッチングの例をいくつかあげておく（アンダーソン，2002）。ストレッチングの具体的な方法は，このアンダーソンの著作をはじめ，近年，さまざまな本や雑誌で紹介されている。

スタティック・ストレッチングを行う際の方法と注意点を以下に記す。

①気持ちの良い場所まで筋肉を伸ばす

②その位置で静止する

③楽に呼吸をする

④およそ，10秒から30秒くらい保持する

⑤①〜④を２〜３回繰り返す

〔注意点〕

・勢いよく反動をつけては行わないこと。筋や腱を損傷する可能性がある。

・筋肉痛を引き起こさないよう，やりすぎに注意すること。

第**11**章　ストレッチング

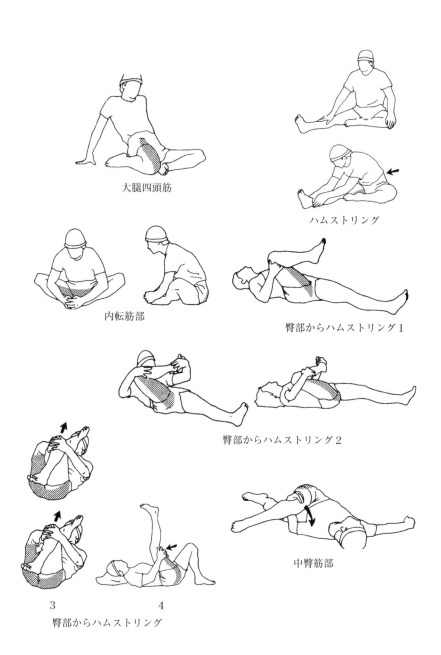

大腿四頭筋

ハムストリング

内転筋部

臀部からハムストリング1

臀部からハムストリング2

3

4

臀部からハムストリング

中臀筋部

図11-1 セルフストレッチング例（アンダーソン，2002）

第12章　ウォーキングとジョギング

1　ウォーキングとジョギングの効果

　ウォーキングとジョギングは，靴とジャージさえあれば，いつでもどこでも始めることができる，最も手軽な有酸素運動である。また，近年の健康ブームも手伝って，ウォーキングとジョギングの愛好者は年々増加している。ただし，手軽な有酸素運動とはいっても，ただ単に歩いたり走ったりするだけでは，効果はあがらない。よって，この章では，ウォーキングやジョギングを始める際の必要な知識について解説する。

身体面での効果

　ウォーキングとジョギングは，有酸素運動の1つである。有酸素運動を行うことで，有酸素的持久力が向上する。では，具体的にどのような効果を体感できるのであろうか。

　まず，心拍数の減少が挙げられる。それまで，20分間走っただけで息がきれてしまっていた状態が，トレーニングをすることによって，楽に20分間を走ることができるようになる。他に，血液性状の改善が期待できる。有酸素運動によって，血液中のコレステロールや中性脂肪が減少するため，肥満解消にも効果がある。また，有酸素運動は，炭水化物や脂肪をエネルギー源として使用するため，ダイエット効果も高い。

　他にも，まだまだ多くの効果を挙げることができる。このように，手軽に始められる有酸素運動であるが，それ以上の効果を得ることができるのである。

精神面での効果

　運動をすることで，ストレス発散や気分転換の効果がある。気持ちが落ち込んでいたり，楽しくないといった気持ちでいても，歩いたり走ったりした後に

は，爽やかな気分になっているであろう。これが，屋外で運動をして，汗を流すことで得られる最大の効果である。

　また，歩いたり走っている最中に，考えが煮詰まっていた問題に対して，突然いいアイデアがひらめいたりすることもある。このように，運動して頭と体がリフレッシュすることで，思いがけない効果も実感することができる。

ダイエット効果

　前述したように，ウォーキングやジョギングはダイエットにとても適している。世間一般のダイエットといえば，ある１種類の食べ物に頼るものであったり，ただ単に食事量を減らすものであったり，と健康的でないものが多い。そういった方法でやせてしまうと，リバウンドしやすい上に，筋肉が落ちるだけで，理想的な体型になれるとは言い難い。

　しかし，これらの運動を毎日継続的に行うだけで，自然に体重が減少していくのである。このような形で減量をすると，リバウンドが起こりにくい。それだけでなく，運動によって適度な筋肉がつくことで，理想的な体型も手に入れることができる。つまり，ウォーキングやジョギングは，一石二鳥以上のダイエット効果がある運動なのである。

季節を感じる

　家と学校や職場を往復する毎日で，「季節を感じる」ことはあるだろうか。通学や通勤は，車や電車の中にいる時間が多く，その日その日の気温や湿度を感じることが少ないだろう。また，１日中建物の中にいて，終わった頃に外は真っ暗という生活では，外の景色をじっくり見ることや感じることもほとんどないだろう。

　そんな生活の中で，毎日同じ時間に歩いたり走ったりするということは，日々微妙に変化していく「季節を感じる」ということである。気候の変化を感じることで，季節の移ろいを全身で感じることができる。また，季節によって変化する周りの木々や花々の様子で，視覚的にも季節を感じることができる。

　ウォーキングやジョギングは，他のスポーツ

とは異なり，このようなことを余裕を持って感じられることが，最大の魅力であろう。

　このように，ウォーキングとジョギングを行うことで，心身両面において豊かな毎日を送ることができるのである。

2 ウォーキングとジョギングを始める前に

(1) 体調をチェックする

　運動を行う前に注意しなければならないことは，その日の自分の体調を把握することである。体調が悪い中で運動を続けることは，大変危険なことである。よって，運動を行う前に，点検すべき項目をいくつか挙げる。これらの項目に1つでも当てはまる場合があれば，その日の運動は中止した方がよい。

①食欲不振，睡眠不足，疲労感，胸がしめつけられるような感じのとき，動悸を感じるとき
②体温が37度以上のとき
③安静時の心拍数が100拍／分以上のとき
④最高血圧が160mmHg 以上，または最低血圧が95mmHg 以上のとき
⑤不整脈がみられるとき，あるいは安静時心電図に異常所見が認められるとき
　　　　　　　　　　　　　　　　　　　　　　　（健康・体力づくり事業財団，2007）

(2) シューズ

　ウォーキングやジョギングをする際，一番大切な道具が「シューズ」である。よって，自分に合ったシューズを選ぶことは，最も重要なことの1つである。まず，スポーツ用品店などへ行って，必ず試着してから購入することが大切である。歩いたり走ったりすることで足がむくみ，運動中は足の長さが大きくなるため，その点を頭に置いて試着する。一般的には，実際の足の長さより1〜1.5cm 程度長いサイズを選ぶとよい。運動する際に履く靴下も，持参した方がいいだろう。

　また，シューズを履く際に，かかと部分を絶対に踏んではいけない。かかとがつぶれることは，そのシューズが使い物にならなくなることと同じである。靴紐は，固く締めすぎると足の甲が痛くなる原因になるため，足の甲部分はゆるめに締めるよう心がける。最後の足首の部分のみ強く締めれば，靴が脱げる心配はない。

（3）ウエア

　最近のウォーキング・ランニングブームに合わせて，お洒落なウエアがたくさん発売されている。自分の好みに合ったウエアを着て運動することで，より楽しく，歩いたり走ったりできるだろう。

　ウエアを選ぶ際に気をつけなければならないことは，季節に合わせたものを着るということである。夏の暑い日には，通気性のよい半そで短パンのウエアに帽子をかぶって，熱中症にならないように気をつける。紫外線から目を守るために，サングラスをかけるのもよい。

　一方，冬のウエアであるが，ウインドブレーカー等の，風を通さない素材の上下を選ぶとよい。首・足首・手首を冷やさないように，ネックウォーマーや手袋・長めの靴下を着用すると，寒くない。毛糸の帽子等をかぶるのも，1つの方法である。

（4）ウォーミングアップとクーリングダウン

　傷害の予防のために，運動前のウォーミングアップは重要である。具体的には，運動前に軽く体操（膝の屈伸，体の廻旋等）をしたり，主に下半身のストレッチ（アキレス腱・ふくらはぎ等）を行ったりする。寒い冬は，他の季節と比較して傷害を引き起こす可能性が高いため，少し時間をかけてウォーミングアップをする。

　また，運動後に疲労を残さないために，クーリングダウンも行う。クーリングダウンを行うことで，運動後じっと安静にしているよりも，早く疲労物質が分解される。具体的には，ウォーミングアップで行ったことを，少し時間を長めにとって行えばよい。

3　ウォーキング

（1）フォーム

　ウォーキングを始める前に，まず正しい姿勢を作る。正しい姿勢で歩けなければ，腰や膝に余分な負担がかかってしまうからである。

姿勢作り

　「気をつけ」をして立った状態が，基本の体勢である。この際に気をつけなければならないのは，背筋がしっかりと伸びている状態を作ることである。腰が曲がっていたり，猫背になったりしてはいけない。視線は，20mほど先を見るようにする。足は，肩幅より少し狭くして立つ。

　この姿勢を作った後で，腰の位置を高い状態にするために，一度かかとを上げて，下ろす。それまでよりも少し，腰が高い状態にあることを感じることができたら，歩く前の姿勢の完成である。

腕ふり

　ウォーキングをする際も，しっかりと腕を振らなければならない。肘を伸ばしたまま歩いている人をたまに見かけるが，腕を振る時は肘から先を軽く曲げ，肘を後ろに振って歩くように意識する。また，肩に力が入らないように気をつける。しっかり腕を振ろうと意識すると，肩に余計な力が入ってしまうことが多い。手もぎゅっと握ってしまわないように注意する。肩の力を抜いて，手は軽く握り，腰のあたりで自然に腕を振るのが，最も理想的である。

足の運び

　足の運び方で気をつけることは，足を前に出すときに，膝を曲げないことである。着地は，かかとからつま先にかけて重心が移動するように意識する。また，蹴った後の足も，曲った状態のままにならないよう，伸ばす。そうすることで，しっかり地面を蹴ることができるのである。

　加えて，つま先の向きにも注意する。女性は内またになりやすく，着地したつま先が内側に向きやすい。一方，男性は外またになりやすく，着地したつま先が外側に向きやすい。つま先がまっすぐに着地できていないと，足に余分な

負担がかかり傷害の原因となるため，つま先の位置にも気をつけるべきである。

(2) ペース

　歩くペースであるが，ゆっくりと歩いていては，運動の効果も低い。よって，「やや速く歩く」くらいのスピードで歩くのがよい。「やや速く歩く」ペースは，1分間に約90mを歩くくらいの速さである。このペースで歩くと，体重60kgの男性であれば，1分間に4.7kcal消費することになる。

　いつもより速く歩くには，歩幅を長くするか歩数を増やすことのどちらかになるが，ウォーキングで速く歩くには，歩幅を長くする。「やや速く歩く」には，歩幅を身長の約45%を目安にするとよい。

　ここに挙げた数値は目安であるため，性別や体力の違いによって，異なる場合がある。よって，数値にこだわりすぎず，それぞれの感覚で「やや速く歩く」ようにしたり，「ややきつい」と感じるようなペースで歩けばよいだろう。

(3) 時間と頻度

　ウォーキングによる運動効果を期待するのであれば，1回に30分以上を歩くことを目標とする。また，それを週に2，3回は行うべきである。ただし，「やや速く歩く」ペースで30分以上歩けない場合は，少し遅いペースでもよいので，30分間歩き続けることを目標とする。これにだんだんと体が慣れてきて，楽にできるようになれば，歩く速さや歩く時間，頻度を徐々に増やしていく。

　しかし，それよりも大切なことは，長期間ウォーキングを続けられるような時間や頻度で行うということである。ウォーキングを始めても，すぐに断念しまっては意味がない。最初から無理をせず，長期間継続可能な目標設定で行うことがすすめられる。

4　ジョギング

(1) フォーム

　ランニングの基本的な姿勢も，ウォーキングの時と同じである。正しい姿勢

を作ってから走り出すことが，大切である。

姿勢作り

背筋を伸ばして，足は肩幅より少し狭くして立つ。その後，かかとを上げてから下ろし，腰が高い状態にあるのを確認する。視線は，20mほど先を見る。

走り出す

姿勢を作った後，すぐに走りだすのではなく，まずウォーキングから始める。やや速いペースで少し歩いた後，そこからだんだんとリズムを上げて，自然にジョギングへ移行するようにする。

腕ふり

肘は軽く曲げて，手も小指くらいを軽く握る。手首に力が入ると，肩にも力が入ってしまうため，気をつける。また，腕ふりで肩に力が入ってしまうと，上半身すべてに力が入り，呼吸がしにくくなってしまうため，楽に自然に腕をふるように心がける。

足の運び

初心者の場合は，足の裏をハンコのように置いて着地する「フラット着地」がいいだろう。蹴った足は伸ばすように意識し，足裏全体で地面を押し出すように蹴り出す。そうすることでキック力が生まれ，それが前に進む力となる。

また，着地の際のつま先の向きも，まっすぐ前を向けて走るように気をつける。

(2) 呼吸

ランニング中の呼吸であるが，特に決まった呼吸法はない。「スッスッ，ハッハッ」のように，2回吸って2回吐く呼吸法がいいと言われることが多いが，その点には特にとらわれず，自然な呼吸をすればよい。ただし，胸を上下させて呼吸する胸式呼吸ではなく，お腹をふくらませたりへこませたりして呼吸する腹式呼吸を意識することが大切である。

(3) ペース

少しだけしか走れないペースでは，運動の効果が現れないため，初めは最低30分間を走れるくらいのペースで走る。30分間走り続けることが難しい場合

は，15分間でもよいので歩かずに走り続けることが重要である。

　また，ゆっくり走るペースに慣れて，だんだんと走る速さを上げていく場合は，歩幅を広げるよりも，回転を増やすことを意識した方がよい。ウォーキングと異なり，歩幅を広げて走る方が，体への負担が大きいからである。障害予防のためにも，ペースを上げて走る場合は，回転を増やすことがすすめられる。

（4）時間と頻度

　時間は，前述したとおり，30分間走り続けることを目標とする。それを楽に走り切れるようになれば，走る時間を長くしたり，走る速さを速くしたりすることで，強度を上げるようにする。

　頻度は，最低でも週に1，2回は走るようにする。週に5，6日走れるようになれば，体の変化もかなり感じられるようになっているだろう。しかし，この段階に達してから重要なのは，しっかりと休息をとることである。運動と休息のバランスを考えながら実施することが，効果的なジョギングに必要である。

（5）ランニング・ダイエット

　ランニングはウォーキングよりも消費カロリーが大きいため，ダイエット効果もウォーキングより大きい。体重50kgの人が，分速160m（時速10km）でジョギングを行うと，1分間あたり7.4kcalのエネルギーを消費する。よって，30分間走ると，222kcal消費することになる。

5　ジョギングを楽しむ

（1）走行距離ノートをつける

　1日にどれくらいの距離を走ったかを記入する「走行距離ノート」を作ると，よりジョギングが楽しめるようになるだろう。走行距離ノートの例として，図12-1を参考にしてもらいたい。

　走行距離ノートはいわば通帳であり，走った距離をどんどん貯金して積み上げていくものである。しかも，その貯金は，一生消えることがない自分だけの

財産である。どんどん増えていく走行距離に比例して，自分の体の変化を体感できるだろうし，「これだけ走ることができた」という自信にもつながる。ジョギングをより楽しむために，走行距離ノートを記入することがすすめられる。

　記入の仕方であるが，まず，1日にどれくらい走ったのかを毎日記入する。それを，1週間・1か月と何km走ったかをどんどん足して，計算していく。また，体重やその日の体調などをメモとして残していくと，後で自分の体調リズム等を把握できる貴重な資料となる。

5　月

	走行距離	メモ		走行距離	メモ
／　（月）			5／26（月）	5 ／ 5	
／　（火）			5／27（火）	7 ／ 12	
／　（水）			5／28（水）	7 ／ 19	
5／1（木）	0 ／ 0		5／29（木）	0 ／ 19	
5／2（金）	5 ／ 5		5／30（金）	5 ／ 24	
5／3（土）	9 ／ 14		5／31（土）	14 ／ 38	
5／4（日）	12 ／ 26		（日）		
週間合計	26		週間合計	85 ／ 123	
			月間合計	123	

図12-1　走行距離ノート　参考例

（2）レースに出場する

　ある程度走れるようになってきたら，目標をたててレースに出場するのも，よりジョギングを楽しむ1つの方法である。レースといっても，5kmの大会からハーフマラソン・フルマラソンと，多くの種目がマラソン大会で開催されている。よって，現在の自分の状態に適した距離を選び，レースに参加するとよい。レースに出場することを目標にジョギングをするのもいいし，レースで走ったことのない距離に挑戦してみるのも，1つの方法である。

　レースに参加する楽しみの1つとして，知らない土地を走れる楽しさが挙げられる。全国各地で，様々な趣向をこらしたマラソン大会が開催されているため，旅行気分で参加するのもよいだろう。また，日頃走ることができない道も，レースによっては走ることができる。車でしか通ることができない道路

を，貸し切りで走る気分は最高である。さらに，いろいろな人との出会いがあることも，レースに出場する楽しみの１つである。「ジョギング」という共通の項目を通じて，新しい出会いが生まれるのは，マラソン大会ならではである。

　最後に，レースに出場することで，普段の生活では感じることができない充実感・達成感を味わうことができる。このような実感が，自分の人生をより豊かにしてくれるはずである。

　このように，ジョギングをすることで，心も体も充実した生活を送ることができるのである。

第13章　レジスタンストレーニング

　レジスタンスとは，「抵抗／負荷」という意味である。トレーニングは「鍛える／運動」ということになるので，レジスタンストレーニングとは抵抗／負荷運動ということになる。人体においては抵抗／負荷を与える場所は筋肉ということになる。本章では，レジスタンストレーニングの概要と，レジスタンストレーニングを行うことによる人体の変化，使用する器具と鍛える部位を紹介する。ただ，実際にレジスタンストレーニングを始める際には，安全に行うために，メディカルチェックを行い，専門家のトレーニング指導を仰ぐことを強くお薦めする。

1　レジスタンストレーニングとは

　レジスタンストレーニングとは，筋肉に対して抵抗／負荷を与えることによって，筋肉を鍛えるトレーニングである。

（1）行う際の注意／留意点
①メディカルチェックを行う
　心臓・循環器系に問題がないか，整形外科的に問題がないか等，トレーニングを始めるにあたって，メディカルチェックを受ける。
②体調不良の時は運動を行わない
　どのような事故が起きるかわからないので，体調不良の時には行わないこと。
③トレーニングの指示を専門家から仰ぐ
　器具の使い方等の指導を受け，疑問があれば質問をする。
④やりすぎに注意する
　1回のセッションとしては，1時間ぐらいを目処にメニューを作成する。毎

日行うのではなく，週に２,３回程度で十分である。ウエイトをやりすぎて目的の活動に費やす時間が減少すれば，かえってその活動のパフォーマンスの低下を招きかねないし，また回復しないうちにやりすぎるとオーバートレーニング状態に陥り，傷害につながる危険性もある。

（2）指導者

　レジスタンストレーニングにおいて，専門家と呼ばれるのは次のような人たちである。

> フィットネスインストラクター
> 健康運動実践指導者
> アスレチックトレーナー
> ストレングス＆コンディショニングトレーナー
> トレーニングコーチ／指導者　　　　　他

（3）始める前に知っておくべき解剖学的知識
①筋肉の起始と停止

　どこからどこまで筋肉があるのかを理解しておくと，トレーニングで鍛える筋肉を意識しやすくなる。

②関節の動き

　骨と骨が連結している部位を関節と呼ぶが，どのような形の骨同士が連結しているかを知っておくと，動かす範囲や動かせる方向がイメージしやすくなる。スムーズな動きで力を入れやすくなると思われる。

2　レジスタンストレーニングの効果

　ここでは，筋肉に力を入れることによって生じると考えられている生理学的変化と，その期待される効果を記すが，効果には個人差があることを前もって明記しておく。また，ここで紹介する効果には，現段階では効果の有無につい

て明確に一致した見解のないものも含まれている。ここではあえて論議することはしないが，それゆえ，トレーニングは専門家と一緒に行い，効果を確認しながら行うことを薦める。

①筋に力が入りやすくなる（筋力アップ）

トレーニングを開始して2週間ぐらいの筋力アップは神経系の促進によるものと考えられている。それからは，筋線維に対する運動神経のさらなる動員刺激の増加や，筋肉自身が大きくなることによる力の増加と考えられる。

期待される効果／結果——けがの予防，パフォーマンスのアップ。

②筋肉の肥大

筋肉に漸進的な抵抗／負荷を与えることで筋肉が肥大する。しかし肥大の度合いは個人差があり，その差は遺伝による影響であると考えられる。ケガをしてギブスをしばらくするとかなりの筋の萎縮が見られるが，筋を元のサイズまで戻す一手段としてレジスタンストレーニングを用いる。

期待される効果／結果——筋力アップ，ケガの予防，パフォーマンスアップ，見栄えがよくなる，基礎代謝量増加に伴う脂肪燃焼力向上。

③筋肉の持久力の向上

力がついたおかげで普段の動きが楽になる。それゆえ継続して行うことができると考えられる。

期待される効果／結果——仕事の効率／持続率向上，疲労感の減少。

④成長ホルモンの分泌促進

成長ホルモンは組織損傷の回復等に役割があることが考えられている。

期待される効果／結果——筋肉合成を促進，老化現象の予防（アンチエイジング）。

⑤インスリンに対する感受性が高まる

少ないインスリン量で糖を筋肉に取り込むことができるようになる。すい臓への負担が軽減される可能性が考えられる。

期待される効果／結果——糖尿病の改善・予防。

⑥筋肉がつくことで安静時の代謝が高まる（基礎代謝量の増加）

運動中は，筋肉が多く動員されるにつれて酸素摂取量が増加することが知られている。それゆえ，筋肉が多くなればその分，安静時においても酸素の消費

が高くなると考えられる。

　期待される効果／結果――太りにくい体質，メタボリック症候群の予防。

⑦高血圧の改善，予防

収縮期の血圧が下がることにより，高血圧の改善・予防が期待できる。

3　レジスタンストレーニングの種類と方法

（1）等尺性運動（アイソメトリック）

　筋肉の長さと関節の角度を変えない状態で筋肉に力を入れる方法で，特に器具を用いることはない。以下のように行う。

　　①力をつける関節の角度を決める。

　　②その角度で最大収縮を行う。

　　③呼吸は随時行う

　　④1セットの時間は大体6秒で，セット間の休みを少しとりながら，それを5～10回くらい行う。

（2）等張性運動（アイソトニック）

　筋肉を伸ばしたり，縮めたりすることにより，関節の全可動域にわたり抵抗／負荷を与える運動である。負荷を与える方法としては，チューブ，徒手，マシン，ダンベルなどがある。

①スタート時のウエイト量の決め方

　いろいろな方法があるが，ここでは比較的簡単に決められるRMテスト法（最大反復回数）を紹介する。目標回数よりも多く反復できれば重量を増やし，少なければ重量を減らして適切な重量に調節する方法である。

　増やす量にも個人差があるが，できるだけ少ない量で段階的に増やしていく。最初の日に適切な重量を決めることはなかなか難しいので，日を変えて2，3回くらい行って，決めることになる。

②反復（Repetition）の方法

ゆっくり行う──重量を挙げるのに2秒，降ろすのに4秒くらいかけてコントロールしながら行う。1回1回のウエイトでスタート時と終了時のポジションで少し止めるくらい意識して丁寧に行う。勢いよく挙げると，筋や腱に損傷を与えかねないので注意する。

呼吸法──ウエイトの最中に呼吸を止めると，脳への血流が阻害されて失神してしまったり，血圧を過度に上げてしまったりする可能性もあるので注意する。通常，ウエイトを上げる時に息を吐き，下ろす時に息を吸う。

全可動域で行う──関節の動く範囲が制限されてケガの要因になったり，筋肉に力の入る範囲に制限が出てしまったりするので，全可動域で行うようにする。

正しいフォームで行う──最初から最後まで正しいフォームで行う。特に，セットの最後の方でつらくなってきたとき，無理をしてでも回数をこなそうとするときにフォームが崩れやすいので注意する。

記録を必ずつける──記録をつけずにトレーニングを行うと，次回のトレーニングで重量が設定できない。それでは手抜きのトレーニングになりかねない。ここでの手抜きとは，刺激が少なくトレーニング効果を得にくいセッションになることである。また，逆にあまりに刺激が大きすぎるとケガや疲労につながるトレーニングになるので注意する。

（3）ウエイトトレーニングの目的別プログラムの例

①筋肥大のためのウエイトトレーニングプログラム

強度，レップ数，セット数は中程度であるが，前のセット数の疲労が完全に回復する前に次のセットに入ることが重要である。

反復回数：（6）8〜12（15）回

セット数：3〜6セット

休息時間：30〜90秒

②筋持久力のためのウエイトトレーニングプログラム

一般に，低負荷，高回数でセット間の休息は短くする。

反復回数：12〜20回

セット数：2〜3セット

休息時間：30秒以内

③筋力向上のためのウエイトトレーニングプログラム

一般に，高負荷，低回数でセット間の休息時間は長めにする。

反復回数：1〜8回

セット数：3〜5セット

休息時間：3〜5分

4　トレーニングによって鍛えられる筋肉と器具の種類

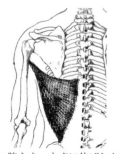

広背筋：腕をまっすぐに伸ばした状態から体をひきつける時に使う筋肉

ラットプルダウン

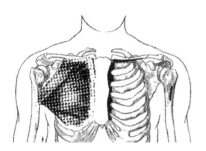

大胸筋：腕立て伏せでも鍛えられる筋肉

チェストプレス

大腿四頭筋：ジャンプする時に膝を曲げ
て伸ばす時に使う筋肉

レッグエクステンション

ハムストリングス：膝を曲げる時に使う
筋肉

レッグカール

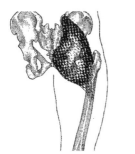

大殿筋：相撲でよく見られる四股ふみで
も鍛えられる筋肉

レッグエクステンション

第13章　レジスタンストレーニング

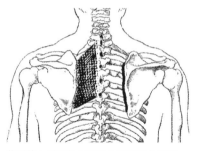

菱形筋：肩甲骨を寄せる時に使う筋肉

ローイングマシーン

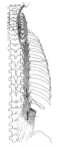

脊柱起立筋：いわゆる背筋

バックエクステンション

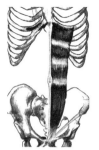

腹直筋：発達している人は６つぐらいの
デコボコが分かる筋肉

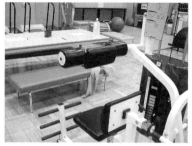

アブドミナルマシーン

その他の器具

スミスマシーン

ベンチプレス

ダンベル

（p.162-164 図版：Thompson & Floyd, 2001）
（p.162-165 写真：神戸学院大学トレーニングルームの各種マシンと器具）

第13章　レジスタンストレーニング

第14章　水泳

　人間は陸上で生活し，常に地球の引力の影響を受けている。したがって，体重が重いほどそれを支える足腰への負担が増すことになる。テレビ等で時おり紹介される宇宙ステーション内外の映像では，宇宙飛行士のからだや液体がふわふわと宙に浮かんでいるシーンが見られる。地球から遠く離れた宇宙空間では無重力状態となるからである。水中では，これとよく似た重力の影響が極めて少ない状況を作り出すことが可能となり，運動中のからだへの負担を軽減することができる。

　水泳とは，ウォーキングやサイクリング等と同様に，左右対称の動作を反復して水中を移動する運動である。近年では水中運動と呼ばれるプールの底やプールサイドを利用して行う水中ウォーキングや水中ジョギング，アクアビクス（水中エアロビクス）が急速に普及してきている。本章では，水中という特異な環境で行われる水泳，水中運動の特性と実施方法について概説する。

1　水の特性

　水中環境の特性には「水温」「浮力」「抵抗」「水圧」の４つが挙げられる。水の中での運動を行うにはこれらの特性を理解しておく必要がある。

（1）水温
　水の熱伝導率は，空気の約23倍以上もあり，水中にいるだけでからだは多くのエネルギーを放出する。また，水温が24℃に満たない場合には，体温は時間とともに急激に低下することになる（図14-1）。したがって，水温は水泳では最低24℃以上，できれば28℃程度が適温となり，水中運動は30℃くらいで行うべきである。また，体温より高い水温では，温浴となり運動実施には適

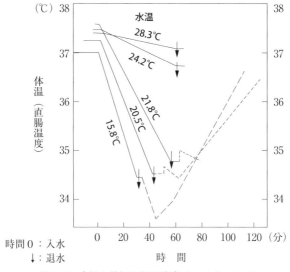

図14-1 水温と体温の低下速度 (Pughら，1955)

さなくなる。水泳に適している環境温度は，水泳経験や体脂肪などの個人差は
あるが，気温との和でおおむね50℃以上とされている。

(2) 浮力

　浮力とは，からだが水中にある部分の体積と等しい水の重さ分だけ，重力と
反対方向に働く力のことを言う。したがって，体積が70ℓの人が頭の先まで
水に入った場合には，70kgの浮力が生じる計算となる。例えば，ある人の体
重が67kgであるとすると浮力の方が3kg大きいためにからだは浮上し，浸水
部分が67ℓとなったところで重力と浮力がつりあう。

　物体が水に浮くかどうかには比重が関係してくる。水の比重は水温等により
若干異なるが，ほぼ1である。全身の比重が1より大きい場合は沈み，小さい
場合には浮くのである。また，からだの比重を部分的にみると骨と筋肉の比重
は1より大きく，脂肪は1より小さい。したがって，骨太で筋肉量の多い人は
浮きにくく，脂肪の多い人は浮きやすくなる。男女を比較すると一般的に体脂肪
率の高い女性の方が浮きやすいといえる。平均的な体格の人では，全身の比重
が1よりもわずかに大きくなるが，肺に空気をいっぱいに吸い込むことによっ

て，水面すれすれに浮くことが可能となる。

　浮力の働きにより，陸上で生活するわれわれが常に緊張を強いられている筋肉である抗重力筋（主に立位姿勢を維持する筋肉）をリラックスすることができる。また，腰や下肢の関節にかかる負担も軽減され，過体重の人でも楽に安全に運動を行える。さらに水中では，浮力や水流により常に不安定な状態を強いられ自然にバランスを保とうとするため，バランス能力の向上にも役立つ。

　プールの底や壁を利用して行う水中運動の場合は，からだのどの部分まで水に浸かるかによって浮力の大きさが変化し，体重を支える脚にかかる荷重負荷も変化する（図14-2）。水中運動を行う際には，プールの水深と身長との関係を考慮することが重要となる。

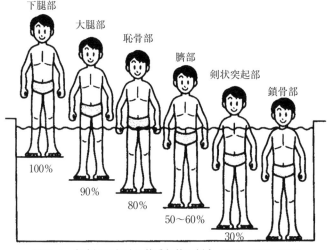

図14-2　各水深における荷重負荷の割合（児玉・覚張，1992）

（3）抵抗

　空気中や水中（水面）を移動すると，移動方向とは逆向きの力である抵抗を受けることになる。水の密度は空気よりはるかに高く，水中を移動する場合には，陸上で同じ速度と姿勢で移動する際の約800倍もの抵抗を受けることになる。水泳時に受ける水の抵抗は，動くスピードが速くなればなるほど約2乗倍に増加していく（図14-3）。同スピードでも受ける抵抗には個人差が見られる

が，これは水中での姿勢のとり方が関わっている（図14-4）。水面に対するからだの傾きが小さい場合は投射断面積が小さくなるために抵抗は小さく，傾きが大きくなると抵抗は増す。したがって，水泳競技で良い記録を出すには，からだに受ける抵抗を極力小さくすることが重要となる。

　一方，水中運動を行う場合には，逆にこの抵抗を利用して効率よくトレーニングを行うことができる。水中ではゆっくり動くと（運動負荷）抵抗は小さく，速く動くと抵抗は大きくなる。つまり，自分の出した力の分だけ負荷がかかってくるため，筋活動量の自己調節が可能となる。また水の抵抗は，あらゆる方向からかかる３次元的抵抗であるため，簡単にバランスよく全身の筋肉を鍛えることができる。

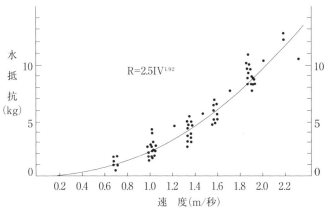

図14-3　人体の水抵抗と速度の関係（宮下ほか，1971）

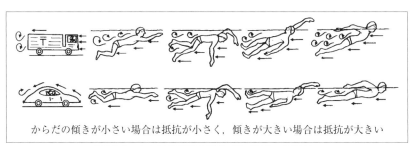

からだの傾きが小さい場合は抵抗が小さく，傾きが大きい場合は抵抗が大きい

図14-4　水中での姿勢と抵抗（宮下ほか，前掲書）

（4）水圧

　水の重さは空気の約1,000倍もあり，水深10mごとに約1気圧増加する（水深が10cm増すと0.01気圧増加）。水泳時にうつ伏せになって泳ぐ場合の胸の位置が水面から約30〜50cmとすると，陸上に比べて0.03〜0.05気圧よけいに圧力がかかることになる。

　また，立位姿勢で首まで水に浸かった場合には，肺活量は約9％減少すると言われている。このような水圧の特性により，水中では吸気時に胸を広げる動作が陸上と比較して困難となり，呼吸筋が鍛えられるため呼吸機能が改善される。

　また，水中に立っているときには，上半身より下半身に多く水圧がかかるために静脈から心臓への血液が戻りやすくなり，静脈還流が促進される。これにより，心臓からの1回拍出量が増し，同強度で運動しても水中では陸上よりも心拍数が10拍程度低くなる。

　さらに，全身に水圧がかかることでマッサージ効果やコルセット効果が得られ，関節疾患を有する人でも水中では楽にバランスよく運動を実施できる（図14-5）。

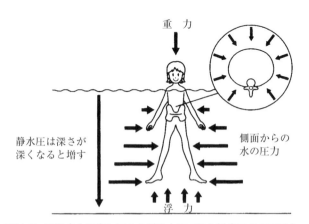

図14-5　頭を水上に出してからだを水につけた場合にかかる圧力
（アンドレア・ベイツほか，2000）

2　水泳・水中運動の実際

（1）運動プログラムの要点

　体力のレベルは人によって異なるため，各自の目的や運動能力に沿った運動プログラムを作成することが重要となる。運動実施前には必ずウォーミングアップを行い，主運動（水泳・水中運動），クーリングダウンの順に行うようにする。ウォーミングアップとクーリングダウン時には10〜15分程度のストレッチングや軽い体操を行い，頻繁に使う部位となる肩や上腕，ふくらはぎの筋肉やアキレス腱を十分にほぐすことが大切である。また，ストレッチングはプールサイドだけでなく，水中でも実施できる。

　運動の強度は1分間当たりの心拍数を目安にして設定・評価ができる。これまでに運動習慣のなかった人は推定最高心拍数の50％程度を目標とし，習慣が身につけば70％程度に徐々に強度を増やしていくことが大切である。運動時間についても無理のない範囲から始め，徐々に延長していくようにする。ただし，水泳・水中運動の場合は，前述のように，陸上で同じ運動強度の運動を行ったときよりも1分間当たりの心拍数が少なくなるため，通常の方法で求めた目標心拍数よりも10〜15拍少ない心拍数を目標心拍数とすべきである。

（2）水泳

　健康の維持・増進のためには，持続的・有酸素的な運動を行うことが重要となるため，距離よりも時間を目安にすべきである。最初は5〜10分，週3回程度とし，次第に時間を延長して30分程度は継続して泳げるようにしたい。呼吸が苦しくて泳ぎ続けられない場合は，25mや50mを泳ぎ切るごとに休息を入れ，呼吸が整ってから再開するというインターバル方式を採用すると良い。

　正しい泳ぎ方を身につけることで無理なく効率的に長い時間や距離を泳ぐことができる。以下に，基本となるけ伸びや泳法（クロール）のポイントについて概説する。

第14章

水泳

け伸び

プールに立った状態から水中に潜り，両足をそろえて壁につく。次に両手を前にそろえて壁側に脚を引き付け，その反動を利用してプールの壁を蹴りだす。その後は，手の先から頭，腰，足首までの4点が一直線となり，からだが水面に対して平行となる姿勢（ストリームライン）を保って進む。この姿勢により，水の抵抗を減らし，遠くまで進むことができる。正しいストリームラインを維持することは，すべての泳法の基本となる。

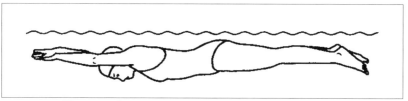

図14-6　ストリームライン（健康・体力づくり事業財団，2007）

クロール

クロールは，肩関節や足首など人間の骨格に合った動きを取り入れた，最も効率的で抵抗の少ない泳法である。両腕を交互に動かして水をかくストローク動作と，両脚を交互に蹴り下ろすキック動作により，推進力を得て前進する。現在，最も速く泳げる泳法であるため，競泳の自由形（フリー）といえば，事実上この泳法で競われている。1回のストローク動作中（左右の腕の一連の動作）でのキック回数の違いにより，6ビート，4ビート，2ビートに分類される。6ビートが基本となるが，ビート数が少ないほど疲労しにくい。

ストローク動作は，水中の腕のかき動作（プル）とかき終わりから入水までの動作（リカバリー）に大別される。ストロークとキック動作のポイントを図14-7，8，9に示す。

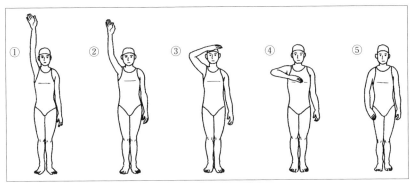

図14-7 プルの腕の動き

①入水は，なるべく遠くに指先からそれも親指から水に入れる。
②入水した腕をしっかり伸ばし，手のひらで水を包み込む。
③④水を顔の前から胸まで後ろにかき込む。水をかくにしたがって，肘を約90〜100度に曲げる。
⑤曲げていた肘を伸ばしながら，かき込んだ水を太もものあたりまで大きく押し出す。

図14-8 リカバリーでの腕の動き

①水を押し切る。
②肘，小指，親指の順で水から出て行くようにする。力を抜いて肘を高く保つ。
③親指から入水できるように，腕を内側にひねる。

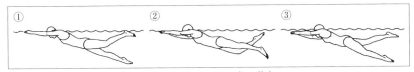

図14-9 クロールの脚の動き

左脚の動き
①足首の力をぬき，多少膝が曲がるくらいにしなやかに打ち下ろす。
②打ちおろしたら，膝を曲げずにけりあげる。右脚はうちおろす。
③脚を交互に打ち下ろす。　　　　　　　　（いずれも健康体力づくり事業団，前掲書）

（3）水中運動

　水中運動には，アクアビクス（水中エアロビクス），水中ウォーキング，水中ストレッチ，水中レジスタンストレーニングなどがあるが，ここではアクアビクスと水中ウォーキングについて述べる。

アクアビクス

　音楽のリズムに合わせて，水中でエアロビクスダンスを行うのがアクアビクスである。水中エアロビクス，アクアサイズ，アクアエクササイズともいわれるが，いずれの場合も水泳ではなく，水中で歩いたり，走ったり，ジャンプしたりといった運動を行う。多様な動きを組み合わせて行うために筋肉を集中して使うことがなく疲労しにくく，有酸素運動としての効果も期待できる。

　また，音楽に合わせて楽しく運動できることや，浮力による腰や膝への負荷の軽減，水の抵抗による運動負荷の自由な調整などの利点により，若年者から中高年齢者までの幅広い世代で楽しまれている。一般的には，インストラクターの指導のもとで行う集団プログラムとして提供され，ウォーミングアップ，エアロビクスパート，ストレングスパート，クーリングダウンの順で構成され，1レッスンは約45〜60分である（図14-10）。

水中ウォーキング

　水中でウォーキングを行うことにより，有酸素的な運動効果を得ることができ，下肢や腰の筋力を強化できる。水中ウォーキングは個人でも実施できるため，集団プログラムに参加する必要がないという利点がある。水中ウォーキング動作のポイントを以下に示す。

　　・プールの底をしっかり踏みしめる
　　・腕を大きく振る
　　・膝を高くあげる
　　・前傾姿勢をとり，水を押しのけるようにして進む

　水中ウォーキングのプログラム例を表14-1に示す。第1段階からはじめ，慣れてくるにしたがって第2，第3段階へと進むようにする。

ストレッチング（ウォーミングアップやクーリングダウンで行う）

胸　　　　　　　　首　　　　　　　　体側　　　　　アキレス腱

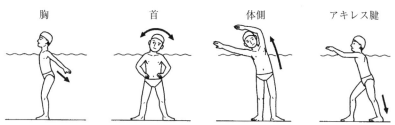

エアロビクス

―――― ウォーキング ――――

前向き　　　　　　後ろ向き　　　　　　　横向き

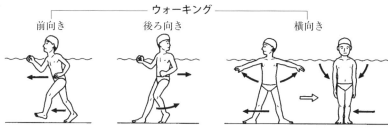

足ぶみ
その場でももあげ

ジョギング
歩幅を小さく軽く
はずむようにすすむ

ストレングス
肩を中心に腕を
前後に動かす

足を前方に
けりあげる

図14-10　**アクアビクスの運動例**（健康体力づくり事業団，前掲書）

表14-1 水中ウォーキングの方法

	普通	速く	ゆっくり
第1段階	25m4往復	25m10往復	25m1往復
第2段階	7分間	20分間	3分間
	（休みあり　計800〜900m）		
第3段階	7分間	20分間	3分間
	（休みなし　計1,000m）		

実際の速さは，身長や水深によって違いがある。まず普通の速さで歩き，次に速く，最後はゆっくり歩くようにする。

（日本放送出版協会，1995）

3　水泳・水中運動の効果

「水温」「浮力」「抵抗」「水圧」などの水中環境の特性により，水泳・水中運動には以下のような効果がある。

・全身にかかる水圧や抵抗により，全身の筋肉が鍛えられる。
・水温や水の抵抗により，移動する速度や距離が同じでも陸上の運動よりも多くのエネルギーを消費できる。
・ゆっくりとした泳ぎや水中ウォーキングでは有酸素性持久力が向上する。
・水圧により，呼吸筋が鍛えられ，呼吸機能が改善される。
・水中で運動を行うことで血管の収縮や拡張機能が高まり，体温調節機能が向上する。
・上半身より下半身に水圧が多くかかるため，下肢での血液循環が促進される。
・浮力による抗重力筋のリラクセーション効果が期待できる。
・浮力の影響により常に不安定な状態となり，自然に姿勢を制御する筋肉が働いてバランスを保とうとするため，バランス能力が向上する。
・発揮した力の分だけ水の抵抗を受けるため，筋活動量の自己調節が可能となる。

4　安全への配慮

　水泳や水中運動は水の特性による恩恵により，陸上よりも障害発生率は低く健康の維持・増進にも役立つ反面，溺水など命に関わる危険性もはらんでいる。事前にメディカルチェックを受けることが望ましく，運動直前にも体調を確認することが重要となる。睡眠不足や発熱などによる体調不良時には，水泳・水中運動への参加を中止するほうがよい。また，目や皮膚の病気がある場合や高血圧や不整脈などの症状がある場合には，主治医に相談した上での参加が望まれる。

　水温が低い場合や痩せ型の人には筋肉痙攣が起きやすくなる。ウォーミングアップを十分に行い，ふだんから十分に栄養や休養をとることが大切である。筋肉痙攣が起きた場合には，あわてずに痙攣した筋肉をゆっくりと伸ばすようにする。

　飛込みにより，プールの底で頭を打ちつけて頸椎を損傷することがある。最近では，このような事故を未然に防ぐため，一般の人が利用するプールでは飛込みが禁止されているが，指導する場合には，水深を確認した上で（最低1.5mは必要），水平方向への蹴りだしを強くしてなるべく遠くに飛ばせるなど，個人のレベルに応じた指導が必要となる。

　水泳・水中運動中に事故が発生した場合には，発見と同時に本人を水から引き上げ適切な対応をとることが望まれる。飛込みによる頸椎損傷が疑われる場合には，頸部をできる限り動かさないように注意することが重要となる。溺水の場合は，重篤な事故につながるケースが多い。救助にあたっては，救助者は自分自身が二次事故に巻き込まれないように，自分の能力をよく考慮して救助を行う。救出後は直ちにまわりの人に協力を求めて119番通報やAED（自動体外式除細動器）の手配などを依頼し，適切かつ迅速に心肺蘇生法を行うことが大切である。

第14章
水泳

第15章　スポーツ障害の予防

　私たちは，様々な形でスポーツと関わっている。健康維持や肥満解消にスポーツをする人たち，レクリエーションとしてスポーツを楽しむ人たち，競技力向上を目指してスポーツをする人たち，世界のトップを目指してスポーツに取り組んでいるアスリートなど，年齢・性別や競技レベルを問わず，まさしく国民総スポーツ時代を迎えているといえる。しかし，スポーツ愛好者やスポーツ選手は無茶や無理をすることで絶えず故障や傷害の危機にさらされており，スポーツをする以上，なぜ故障や傷害を起こすのかについて正しい理解をすることが重要である。それにより故障や傷害を未然に防ぐことが可能になる。

1　スポーツ傷害とは

　スポーツ傷害とは，スポーツによる運動器の外傷（スポーツ外傷）と，スポーツを続けることで起きる身体の障害（スポーツ障害）の総称である。

（1）スポーツ外傷
　スポーツ活動中に，1回の強い直接的な外力を受ける「直達外力」と，間接的な外力を受ける「介達外力」などのストレスによって，組織の損傷が生じるもので，スポーツ活動中の偶発事故によるものである。
　骨折，捻挫，脱臼，肉離れ，突き指，筋断裂，創傷などがあり，いずれも疼痛，腫脹，関節不安定性，機能障害などが現れる。
①骨折
　骨折は，強い直達性あるいは介達性の外力により，骨の連続性が完全あるいは部分的に離断された状態のことをいう。また，その起こりかたによって，外傷性骨折，疲労骨折，病的骨折の3つに分類される。スポーツ活動において

は特に，外傷性骨折と疲労性骨折に注意する。

　外傷性骨折は1回の強い外力（転倒，衝突）が骨に加わることによって起こる骨折である。そのうち皮下骨折（単純骨折）は，骨折部をおおう皮膚に損傷がなく，骨折部と外界との交通がない状態をいう。開放性骨折（複雑骨折）は，骨折端が皮膚を突き破ることにより生じる，骨折部と外界が直接交通する状態をいう。

〔骨折の症状〕

　　疼痛：骨折部に限局性の痛みがある。

　　腫脹：骨折部は内出血して腫れている（皮膚の変色）。

　　機能障害：歩けない，反対の手で支える。

　　変形：筋肉の力により骨がずれる。

　　異常可動性：関節でもないところが動く。

　開放性骨折の場合は，皮下骨折の症状に加えて，次のような症状がある。

　　神経，血管，筋肉などの損傷をともなう。

　　出血が多量である。

　　骨折部が汚れやすく，感染症の危険が高い。

②脱臼・捻挫

　脱臼は，外力によって，過度の関節運動や，その関節に不可能な運動が強制され，関節包と靭帯が断裂し，間接相互面が接触を失った状態をいう。捻挫は，関節包や靭帯が伸展されたり断裂するが，間接相互面はいちおう正常に保たれている状態をいう。

〔捻挫の程度〕

　　軽　傷：靭帯がわずかに伸ばされた状態で，比較的限られた部位に軽い
　　　　　　腫脹・疼痛がみられる。

　　中等症：靭帯が部分的に切れた状態で，広範囲な腫脹・疼痛・皮下出血
　　　　　　がある。

　　重　症：靭帯が完全に切れた状態で，著名な腫脹・疼痛のほか，関節の
　　　　　　不安定性がある。

③筋挫傷・肉離れ

筋挫傷は，身体接触のある競技で，相手プレーヤーと接触したり，蹴られたりした時や，何かにぶつけたときに，筋肉の損傷が起こり，筋の腫れや内出血が起こった状態をいう。

肉離れは，急に走ったとき，または急に全速で走ったときや，ジャンプなどの動作で，筋肉が強く収縮されるために，筋繊維の一部に損傷が生じたもので，短距離種目に圧倒的に多く発生する。肉離れの程度は，図15-1を参照。

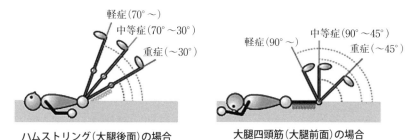

ハムストリング(大腿後面)の場合　　　大腿四頭筋(大腿前面)の場合

図15-1　肉離れの程度（日本整形外科学会）

(2) スポーツ障害

身体運動によって，体の同一部分に，比較的弱いストレスが繰り返し加わって組織の障害を引き起こすもので，障害の発生原因が明確ではなく，疲労性の炎症が主体であり，「使いすぎ症候群」と考えられる。各スポーツ種目で最も使用頻度の多い部位が起こりやすい。

疲労骨折がその代表的な障害で，外傷性骨折とは異なり，1度では骨折に至らない程度の力が，骨の同一部位に繰り返し加わることによって起こる，骨の異常である。腰痛，野球肘・肩，テニス肘，シンスプリントなど。

〔スポーツ障害の発生段階〕

第1期症状：スポーツ活動中には自覚症状はないが，活動後に軽い筋肉疲労や関節のだるさを感じる。運動器の機能障害はない。

第2期症状：スポーツ活動中に筋肉の痛みや関節の痛みを感じるが，活動そのものは続けられる状態。活動後にも痛みは残る。

第3期症状：痛みが安静時にあり，スポーツ活動が続けられない状態

で，運動器に故障があり，活動を行うための機能を失っている。

　スポーツ障害を起こさないようにするには，第1期症状が現れた段階で，スポーツ活動のスケジュールを減らす，練習内容を変える，といった適切な対応を行い，第2・3期まで発展させないようにすることが重要になる。

2　スポーツ障害の発生要因

　スポーツ障害の多くは，1つの発生要因によるものではなく，いくつかの要因が重なり合って起こるものとされている。まず，それらの発生要因を理解することが必要である。

①外的要因：スポーツ活動の量と質

　スポーツ活動の実施方法，継続時間，実施頻度，運動強度など，実施者に合ったプログラムを効果的に，定期的に調整することにより，トレーニングにより発生する過労を防ぐことが可能である。

　〔練習・環境の問題〕

　　オーバートレーニング

　　選手の体力，技術に合わない練習

　　不適切な用具（サイズの合わないシューズなど）

　　固すぎたり，柔らかすぎたりする練習場の床面

②内的要因：個人それぞれに異なる身体的要因

　性別，年齢，身体組成（筋量，脂肪量など），体力レベルの評価，疾病・傷害の有無などのメディカルチェックと，現在の健康状態（疲労度，栄養状態）の把握が必要になる。

　〔選手自身の技術・体力の問題〕

　　筋力の不足

　　アンバランスな筋力

未熟な技術

身体の柔軟性不足

③環境の要因：

　スポーツ活動を行うときの自然環境や，人工環境などに関わる要因

　気温・湿度・気圧・天候などの環境状況の把握と，用具・設備，服装，シューズなどの知識，また，スポーツ活動の場所がインドアかアウトドアなどによって気温や湿度が全く異なってくることを理解する必要がある。

3　スポーツ傷害を予防するために

　スポーツ傷害の発生要因を考慮し，原因を分析し，予防的対策を講ずることにより傷害発生が予防できる。そのためには指導者，スポーツ実施者，トレーナー，スポーツ医科学者などがともに協力し，努力することが必要である。

　①コンディショニングの徹底

　どんなスポーツ活動においても，実施者をケガから守る手段は，コンディショニングである。体力のすべての要素を開発する適切なコンディショニングをすれば，傷害の危険性も減ることになり，健康状態をよい方向にもっていくことができるとともに，スポーツ活動能力も高めることもできる。またウォーミングアップとクーリングダウンの必要性とセルフ・ケアについて，指導と自己管理を徹底する必要がある。

　〔体幹のストレッチと筋力トレーニング〕

　　体幹とは，腰椎，骨盤，股関節のことで，この部分のストレッチと筋力トレーニングができてこそ，スポーツ傷害の予防が可能になる。4つのストレッチング：腰部，大腿前面，大腿後面，腸腰筋と，3つの筋力トレーニング：腹筋，背筋，腸腰筋を欠かさず行う。

　②安全な環境づくり

　自然環境においては，暑くて湿気のある環境，あるいは寒くて濡れた条件で

運動をする場合では，さまざまな傷害を引き起こす危険があることを理解する必要がある。人工環境では，スポーツ実施者・管理者は，施設・設備などの安全性を確認したうえでスポーツ活動を実践すること，また用具・服装・靴などが実施者の体格・体型に適した素材・大きさ・重さなどになっているかどうか研究・指導することが重要である。

③スポーツ医科学の応用

定期的なメディカルチェックや体力測定は，ケガを起こす可能性のある要因を見つけ出すために必要である。また，科学的トレーニングなどの実施が傷害の予防に効果的であり，選手の健康，身体構造・能力，成熟度（発育・発達）に影響を与える要因があれば，実施者の活動を制限したり変更したり，あるいは身体的な問題をコントロールする必要がある。

4　スポーツ傷害発生時の応急手当

スポーツの現場で怪我をしたとき，損傷部位のダメージを最小限にとどめるために，応急手当は早期スポーツ復帰に欠かせないものである。外傷・障害が発生すると，「炎症」が起こり不快感を生じる。このような不快感や悪化を防ぐための現場での応急手当として，炎症を必要最小限に抑えることが早期回復を図るために必要不可欠である。

（1）炎症

炎症とは，刺激に対する身体の局所的な組織レベルの反応のことで，「異物に対する生体反応」，「修復開始のために壊死した組織を排除する」，「正常な組織の再生を促進する」の3つの目的がある。

〔炎症の特徴〕

発赤・熱感・腫脹・疼痛・機能障害の5つの特徴がある。

スポーツ傷害における応急手当では，この炎症反応を抑制することを考慮する。しかし炎症反応は組織の修復にとって不可欠な反応であるため，炎症をさ

せないのではなく，過剰な炎症反応により組織の損傷を拡大しないように制御することである。

（2）PRICE 処置

　スポーツ現場での応急手当における主目的は，医療機関へ搬送し，または救急現場に医師が到着し，受傷した選手が医師の管理下に置かれるまでの間において，損傷部位を悪化させないように保護することである。固定実施にあたっては，選手や選手の損傷部位を不用意に動かさないよう細心の注意を払う。不適切な処置は，組織の２次損傷や痛みの増悪などの要因となる。

　また，選手がショック症状を呈することがあるため，選手に不必要な不安を抱かせることのないように自信を持った態度で行うとともに，受傷部位だけでなく全身状態の観察も怠ってはならない。

　応急手当の基本は従来，「RICE 処置」と言われてきた。しかし安静だけでは損傷した組織を保護できないことから，RICE に Protection（保護）を加えた PRICE と呼ばれる手当に変遷してきた。

① P：Protection（保護）

　装具や副子などで損傷組織を保護する。再受傷，悪化の防止が目的である。

② R：Rest（安静）

　ケガをした場合，無理をせずに，ただちに運動をやめ全身的および局所的に安静を保つことで，血液量を減らし，細胞の活動を緩やかにして代謝レベルを下げ，酸素・栄養分の必要量を低減させる。また患部の腫れや痛みが悪化するのを防ぐことができる。その後に患部を固定することで，併発症もなく患部の治癒を助ける。

③ I：Ice（冷却）

　冷やすことは，応急手当で最も効果があるものとされている。冷やすことで血管を収縮させて，一次損傷による炎症反応や出血を抑え，腫れや痛みを軽減する効果がある。また，冷却は代謝を下げ，組織に必要な酸素を少なくし，二次的低酸素障害が広がるのを防ぎ，周囲の健康な細胞組織に被害が及ぶのを助けることになる。（二次的低酸素障害とは，破壊された患部の周囲の細胞組織が酸欠状態と栄養不足によって死滅していく現象。）

〔アイシングの方法〕

　氷水の入ったバケツに患部をひたしたり，氷の入ったビニール袋あるいはコールドパックを患部に当てる。冷却は長くても20分間にとどめる。最初はピリピリとした痛みがでてきて，やがて無感覚になる。そうなったらいったん冷却をやめて，寝るまで1時間位ごとに冷却を繰り返す。傷害の程度や範囲にもよるが，2，3日これを繰り返す。

④ C：Compression（圧迫）

　ほとんどの急性の障害においては，圧迫は冷却とともに重要な手当てと考えられる。患部を圧迫することは，周囲の組織や血管を圧迫し，患部に細胞液や血液が滲出して内出血や腫れが起こるのを防ぎ，逆にその吸収を促進する。

⑤ E：Elevation（挙上）

　挙上とは患部を心臓より高い位置に持ち上げることで，その物理的効果により，患部に流れ込む血液やリンパ液の量が減り，内出血を抑えることができる。また，患部への血液や体液による圧迫も避けられ，静脈の返還が助長されるので腫れを軽減することができる。

（3）ケガへの処置：冷やす時期と温める時期

　ケガへの処置として，いつ冷やすか，いつ温めるかの判断に迷う場合も多いようだが，「急性期は冷やし，慢性期は温める」のが原則である。

　急性期とは，痛みが出てきた時期のことで，受傷直後は局所に急激に負荷がかかり，炎症反応を起こしているため，この時期に温めるのは逆効果で，炎症反応を助長してしまう。この時期に必要なのは炎症を抑制することで，局所を安静にし，発熱を抑えること，つまり冷やすことが重要である。発症から2～3日位までをいう。

　急性期を過ぎると，今度は慢性期に移行する。慢性期には炎症は起こっておらず，痛めた局所が疲労し，機能不全に陥っている。筋肉は硬くなり血流が阻害され，疲労した局所に酸素と栄養がゆきとどかなくなる。この時期には温めて血流を改善させ，痛んだ局所に十分な酸素と栄養がとどくようにすることが重要である。

（4）頭頸部外傷

　コンタクトスポーツ（ラグビー，フットボール，柔道など），体育競技，水泳（飛び込み）といった競技を行う場合，タックルや転倒，投げ技によって，地面や畳に頭部を強打したり，脳が激しく揺さぶられたりすること（加速損傷）により，「脳震盪」「急性硬膜下血腫」「頸椎損傷」等を引き起こす可能性がある。

①頭頸部外傷の予防

　頭頸部外傷事故は，体格の発達や運動能力の向上に伴って増加する。また部活動においては，競技経験の浅い初心者に事故が起こりやすいことが明らかになっている。発達段階や，体力・技量に応じた活動計画を立て，適切な指導を行うことはもとより，無理な練習や，活動場所の不備等がないように，注意が必要である。

②事故発生後の対応

　頭部の損傷が疑われる場合，意識障害の有無のチェックを行う。意識障害が継続する場合は，ただちに救急車を要請する。また，脳震盪の1項目である意識消失から回復した場合も，速やかに医師の診断をあおぐことが重要である。頭部打撲の場合，その後6時間くらいは急変の可能性があるため，帰宅後も観察が必要である。（熱いお風呂の入浴は控えること。）

　頸椎の損傷が疑われる場合は，平らな床に寝かせたあと，①意識の状態，②運動能力（麻痺，筋力低下），③感覚異常（しびれ），④呼吸の状態，の4つを確認することが必要である。動かさないで，速やかに救急車を要請するのが原則である。

5　熱中症

　熱中症とは，暑熱環境における生体障害の総称である。臨床的には軽度の脱水状態から，多臓器障害により死亡に至る最重症病態までを含んだ病名である。

（1）体温調節の仕組み

　ヒトを含む哺乳類の多くは周囲の環境に関係せず，ほぼ一定の体温を維持することのできる恒温動物である。体温は，腋窩，鼓膜，口腔内で体温計を用いて測定される。通常は口腔内の正常体温は37℃であり，直腸温では37.3℃である。体温は体内での熱生産と外部との熱交換とのバランスを表しており，生理的な日内変動（0.5℃）があり，午前が低く，夕方にかけてピークを迎える。生体では，深部体温（直腸温，膀胱温，鼓膜温，肺動脈温）が視床下部にて37℃前後に厳密に調整されているのは，その体温が生命維持のためにさまざまな酵素が効率よく作用するのに最適な環境であるからである。熱交換の原理としては「伝導」「放射」「蒸発」「対流」の4つに分類される。

　　①伝導：皮膚と接触している気体や液体との直接的な熱交換
　　②放射：皮膚と外環境との間で赤外線電磁波として熱が拡散される
　　③蒸発：汗などの水分が皮膚などから蒸発する際に熱を奪う
　　④対流：周りの空気の流れによって，伝導や蒸発による熱の移動が促進される

　体温はこの熱交換の原理を利用して，皮膚温，発汗，熱生産で調節されている。

（2）熱中症の分類と体温冷却

① 熱中症の分類

　「日本救急医学会熱中症分類2015」として改訂された。従来，病状・病態の違いから熱失神，熱痙攣，熱疲労，熱射病といった病名を使い分けていたが，こういった用語は定義のあいまいさもあり，症状や病態から分類するのではなく症候群としてとらえ，現在では軽症から重症までをⅠ～Ⅲ度の3段階で分類している。

　Ⅰ度：めまい，立ちくらみ，生あくび，大量発汗，筋肉痛，筋肉の硬直の症状がみられるが，意識障害は認めない。

　Ⅱ度：頭痛，嘔吐，倦怠感，虚脱感，集中力や判断力の低下の症状が認められる。

Ⅲ度：意識障害，運動失調，痙攣発作などの中枢神経症状，経過観察で肝・腎臓機能障害と診断され血液凝固異常を1つでも認めれば，Ⅲ度と判断する。

表15-1 熱中症の新分類

新分類	従来分類	症状
Ⅰ度	熱失神 （heat syncope）	一過性意識消失
	熱痙攣 （heat cramps）	有痛性筋痙攣
Ⅱ度	熱疲労 （heat exhaustion）	頭痛，嘔吐，倦怠感
Ⅲ度	熱射病 （heat stroke）	意識障害，臓器不全

② 体温冷却

運動により高体温になった場合，生体の恒常性を維持するために体温を下げるメカニズムが働き，皮膚の毛細血管が拡張し，皮膚からの放熱により身体が冷却される。しかし，外気温が体温より高い状態では放熱による冷却効果はほとんど期待できず，体温低下効果として重要なのは，発汗による気化作用である。汗が体表面で蒸発することにより気化熱が奪われ身体が冷却される。しかし，高湿度環境においては発汗による気化冷却作用は大きく制限されることになり，長時間の高温環境では体温冷却メカニズムの限界を超え，深部体温の上昇をきたす。

これらの体温冷却メカニズムが作用することにより，生体は一定の範囲内で体温維持が図られるが，このメカニズム自体が生体に影響を及ぼし，皮膚末梢血管の拡張によって血管内は相対的な循環血液量減少となり，一時的な低血圧となった状態が「Ⅰ度（熱失神）」である。

汗の成分は水分と電解質（ナトリウム，カリウム，マグネシウム，カルシウム等）であり，大量の発汗は脱水と電解質異常を招く。電解質の含有量が少ない水分（水道水，お茶，ミネラルウォーター）を大量に補給すると，電解質異常が悪化することになり，骨格筋に不随意運動が生じる。これが「Ⅰ度（熱痙攣）」である。全身のどこの筋肉にも起こり得るが，頻度が多いのが特に下肢，腹部の筋肉である。

　さらに発汗による水分の喪失をきたし，脱水症状となったものが「Ⅱ度（熱疲労）」である。この段階ではまだ生体の恒常性は破綻しておらず，適切な処置（補液）により障害を残さず回復する。

　生体の恒常性が維持されている段階で適切な冷却と補液がなされないと，さらに脱水が進行し発汗が停止する。それによってうつ熱状態となり，体温調節機構が破綻し，深部体温はさらに上昇する。皮膚末梢血管への血流増大から深部臓器血流が低下し，臓器不全を招く。また，循環血液量の低下からショック状態となり，意識障害をきたす。この状態が「Ⅲ度（熱射病）」である。ここまで至ると非常に危険な状態であり，適切な処置がなされても死亡率は高い。

(3) スポーツにおける熱中症の効果的な予防策

　スポーツ活動で熱中症が発生しやすい大きな理由は，何よりも運動することにより多大な熱生産が行われるためである。運動による大量の熱生産に対して，大量の発汗が行われるための脱水が原因である。

　以下は脱水における熱中症の危険兆候である。

- ・のどの渇き
- ・被刺激性
- ・頭痛とめまい
- ・筋痙攣や普段と異なる疲労感
- ・嘔気，嘔吐
- ・過換気
- ・錯乱，意識不鮮明や人格変化

① WBGT（暑さ指数）のチェック

　熱中症発生のリスクとして，体外の温熱環境に必ず留意する必要がある。日本スポーツ協会（JSPO）は，WBGT（Wet-Bulb Globe Temperature：湿球黒球温度。「暑さ指数」とも呼ばれる）を指標とした，熱中症予防のための運動指標を発表している（図15-2）。スポーツ活動実施の１つの指標となるWBGTは，気温（乾球温度），湿度（湿球温度）と輻射熱（黒球温度）および気流の影響も反映された，総合的に暑さを評価できる温熱指標である。

WBGT (℃)	湿球温度 (℃)	乾球温度 (℃)		
31	27	35	運動は原則中止	WBGT31℃以上では，特別の場合以外は運動を中止する。特に子どもの場合には中止すべき。
28	24	31	厳重警戒 （激しい運動は中止）	WBGT28℃以上では，熱中症の危険性が高いので，激しい運動や持久走など体温が上昇しやすい運動は避ける。運動する場合には，10〜20分おきに休憩をとり水分・塩分の補給を行う。体力の低い人，暑さに弱い人※は運動中止。
25	21	28	警戒 （積極的に休息）	WBGT25℃以上では，熱中症の危険が増すので，積極的に休憩をとり適宜，水分・塩分を補給する。激しい運動では，30分おきくらいに休憩をとる。
21	18	24	注意 （積極的に水分補給）	WBGT21℃以上では，熱中症による死亡事故が発生する可能性がある。熱中症の兆候に注意するとともに，運動の合間に積極的に水分・塩分を補給する。
			ほぼ安全 （適宜水分補給）	WBGT21℃未満では，通常は熱中症の危険は小さいが，適宜水分・塩分の補給は必要である。市民マラソンなどではこの条件でも熱中症が発生するので注意。

1）環境条件の評価には WBGT が望ましい。

2）乾球温度（気温）を用いる場合には，湿度に注意する。湿度が高ければ，1 ランク厳しい環境条件の運動指針を適用する。

3）熱中症の発症のリスクは個人差が大きく，運動強度も大きく関係する。運動指針は平均的な目安であり，スポーツ現場では個人差や競技特性に配慮する。

※暑さに弱い人：体力の低い人，肥満の人や暑さに慣れていない人など。

図15-2　熱中症予防運動指針（日本スポーツ協会ホームページより）

② 熱中症予防5ヶ条（日本スポーツ協会）

　日本スポーツ協会は，スポーツ活動中の熱中症を予防するための「熱中症予防5ヶ条」を発表している。それを参考にして，環境条件に応じた計画を立て，休憩，水分（塩分）補給，暑熱順化，衣類，体調に注意し，必要な場合には運動を中止するようにする。

暑いとき，無理な運動は事故のもと

　気温が高いときほど，また同じ気温でも湿度が高いときほど，熱中症の危険性は高くなる。また，運動強度が高いほど熱の生産が多くなり，熱中症の危険性も高くなる。暑いときに無理な運動をしても効果はあがらない。環境条件に応じて運動強度を調節し，適宜休憩をとり，適切な水分・塩分の補給を心がけることが大切である。

急な暑さに要注意

　熱中症事故は，急に暑くなったときに多く発生している。夏のはじめや合宿の初日，あるいは夏でなくても急に気温が高くなったような場合に，熱中症が起こりやすくなる。急に暑くなったら軽い運動にとどめること。暑さに慣れるまでの数日間は，軽い短時間の運動から徐々に運動強度や運動量を増やしていくようにする。

失われる水と塩分を取り戻そう

　暑いときには，こまめに水分を補給する。汗をかくことで，水分と同時に塩分も失われる。スポーツドリンクなどを利用して，0.1～0.2％程度の塩分を補給するとよい。水分補給量の目安としては，運動による体重減少が2％を超えないことを目安にする。運動前後に体重をはかることで，失われた水分量を知ることができる。運動の前後に，また毎朝起床時に体重をはかる習慣を身につけ，体調管理に役立てることが勧められる。

薄着スタイルでさわやかに

　皮膚からの熱の出入りには，衣類が関係している。暑いときには軽装にし，吸湿性が高く通気性のよい素材の衣類にする。屋外で，直射日光をあびる場合には，帽子を着用するとよい。防具をつけるスポーツでは，休息中に衣類をゆるめ，できるだけ熱を逃がすようにする。

体調不良は事故のもと

体調が悪いと，体温調節能力も低下し，熱中症につながる。疲労，睡眠不足，発熱，かぜ，下痢など，体調の悪いときには無理に運動をしないこと。また，体力の低い人，肥満の人，暑さに慣れていない人，以前に熱中症を起こしたことがある人は，暑さに弱いので，注意が必要である。学校で起きた熱中症死亡事故死の7割は肥満の人に起きており，肥満の人は特に注意しなければならない。

（4）熱中症と疑われるときの現場での応急手当（図15-3）

涼しい環境に避難する

暑熱環境からの避難が重要である。日陰で少しでも風通しがよく涼しい場所へ移動する。できればエアコンが効いた屋内への避難が望ましい。

脱衣と冷却

①衣服を脱がせて，体から熱が放散するのを助ける。きついベルトやネクタイ，下着はゆるめて風通しをよくする。

②露出させた皮膚に濡らしたタオルやハンカチをあて，うちわや扇風機であおぐことにより身体を冷やす。服や下着の上から少しずつ冷やした水をかける方法もある。

③自動販売機やコンビニで，冷やした水のペットボトル，ビニール袋入りかち割り氷，氷嚢等を手に入れ，それを前頸部（首のつけ根）の両脇，腋窩部（脇の下），鼠径部（大腿の付け根の前面）に当てて，皮膚直下を流れている血液を冷やす。

④体温の冷却はできるだけ早く行う必要がある。重傷者を救命できるかどうかは，いかに早く体温を下げることができるかにかかっている。

水分・塩分の補給

①意識障害を認めず，指示に従える場合は冷たい水を持たせ，自分で飲ます。冷たい飲み物は胃の表面から体の熱を奪い同時に水分補給も可能である。大量の発汗があった場合には，汗で失われた塩分も適切に補える経口補水液やスポーツドリンク等が最適である。水1ℓに1〜2gの食塩も有効である。

②応答が明瞭で，意識がはっきりしていれば，冷やした水分を口からどんど

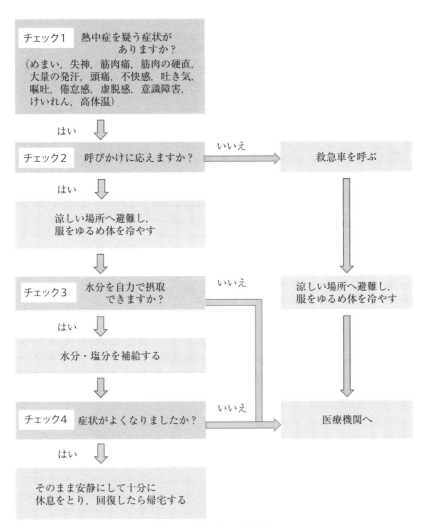

図15-3　熱中症の応急手当

ん与える。

緊急事態の認識・119番通報（Emergency）

「呼びかけや刺激に対する反応がおかしい」時や，「答えがない（意識障害が
ある）」時には，誤って水分が気道に流れ込む可能性がある。また，「吐き気を
訴える」「吐く」という症状は，すでに胃腸の動きが鈍っている証拠なので，
口から水分を飲ますのは禁物である。すぐに，医療機関での点滴が必要である。

　緊急事態と認識し，119番通報をするか否かは，意識障害の有無が重要な判
断基準になる。意識障害を認めた場合には，速やかに119番通報を行う。熱中
症での意識障害の進行は予想以上に速い場合もあり，意識障害が最初から強い
場合や，意識障害は認めなくても意識内容や受け答えが正常でない場合には，
注意が必要である。

　意識障害を認めた場合には，①気道（Airway），②呼吸（Breathing），③循
環（Circulation）の確認を行う。まず，気道確保が重要である。最初に気道が
開通しているかの判断を行い，気道が開通していなければ下顎挙上を行って，
再度，気道開通の有無を判断する。気道が開通していれば呼吸の有無を確認す
る。痙攣が生じた場合には，吐物などでの気道閉塞により気道確保が不十分な
場合もあり，その際には生命に直結することから，気道確保，呼吸の確保が至
急の対応となる。

第16章　救急蘇生法

　日本では毎年7万人もの人が心臓突然死で亡くなっている。スポーツ現場においても，日常的にジョギングを行う人の数は増加傾向にあり，ランニング中に突然に心肺停止状態になることも決して少なくなく，アメリカではマラソン中の心肺停止は10万人あたり0.54人の割合で発生し，そのうち71%が亡くなっている。日本においても国内最大規模の東京マラソンでは第1回～第9回大会まで延べ30万人が参加し，7名のランナーが心肺停止に陥っており，10万人あたり2.33人と米国よりも高い割合で発生している。こうした突然の心肺停止からの救命には，素早い119番通報と心肺蘇生法，AED（自動体外式除細動器）の使用が欠かせない。傷病者を発見した場合には，躊躇せず迅速かつ適切な手当ができるよう，日頃からその手順について理解し，身につけておくことが大切である。

1　救命の連鎖

　心停止や窒息という生命の危機的状況に陥った傷病者や，これらが切迫している傷病者を救命し，社会復帰に導くためには，「救命の連鎖」が必要になる。日本蘇生協議会（JRC）の提唱する救命の連鎖は，①心停止の予防，②心停止の早期発見と通報，③一次救命処置（心肺蘇生法とAED），④二次救命処置と心肺再開後の集中治療の4つの要素によって構成されている（図16-1）。

　心停止の予防は，心停止や呼吸停止となる可能性のある傷病者を未然に防ぐことである。

　早期認識と通報は，突然倒れた人や，反応のない人を見たら，ただちに心停止を疑うことで始まる。心肺停止の可能性を認識したら，大声で協力者を呼び，119番通報と，AEDを持ってきてもらうよう要請する。

図16-1　救命の連鎖（日本組成協議会）

　一次救命処置（basic life support, BLS）は，呼吸と循環をサポートする一連の処置で，胸骨圧迫と人工呼吸による心肺蘇生法（ardiopulmonary resuscitation, CPR）と AED の使用が含まれる。

　二次救命処置（advanced life support, ALS）は，BLS のみでは心拍が再開しない傷病者に対して，薬物や医療機器を用いて行うものである。

2　一次救命処置（BLS）実施の一般的注意事項

　人を救助するにあたって，救助者が絶対に守るべきことは，救助者自身の安全の確保である。交通事故，水難事故，震災時の崩壊した建物のそば，自然災害，有毒ガスのあるところ，あるいは暑さ・寒さが厳しい自然環境，風雨や雪の中では，傷病者だけではなく救助者自身も危険にさらされるため，周囲の状況を観察し，それに応じて安全を確保する。まず二次災害の防止に努めなければならない。

①反応の確認

　傷病者の肩を軽くたたきながら大声で呼びかける。何らかの応答や仕草がなければ「反応なし」と判断し，その場で大声で叫んで周囲の人に協力を求める。応答があり会話が可能であれば，傷病者に問いかけて詳しい観察を続ける。

〔出血の確認〕

　人間の血液量は体重1kg あたり約80ml であり，一時に全血液量の1／3

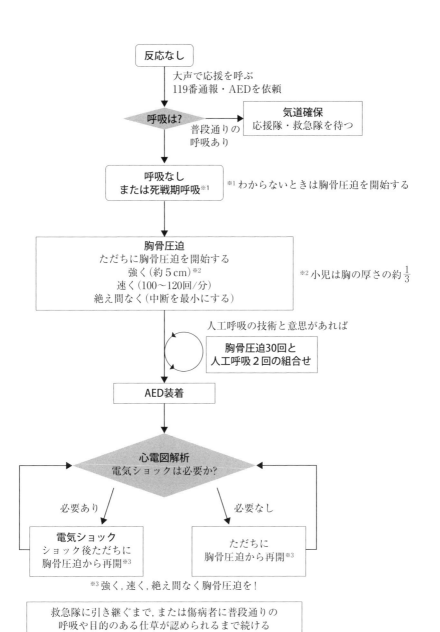

図16-2　BLS のアルゴリズム（JRC 蘇生ガイドライン2015，オンライン版）

以上を失うと，循環血液量の減少により末梢組織への酸素供給が阻害され，生命の危険に陥る。大出血がある場合，直ちに止血の手当が必要になる。

②救急通報

周囲の者に救急通報（119番通報）とAEDの手配を依頼する。協力者がいなければ自分で119番通報を行い，AEDが近くにあることがわかっていれば自分で取りに行く。

　　＊119番通報をした救助者は，通信指令員から心停止の判断とCPRについて口頭指導を受けることができる。

③呼吸の確認と心停止の判断

傷病者に反応がなく，呼吸がないか普段通りの呼吸（死戦期呼吸）でない場合，あるいはその判断に自信が持てない場合は心停止と判断し，胸骨圧迫を開始する。傷病者の呼吸の確認は，胸と腹部の動きを観察し，動きがなければ「呼吸なし」と判断する。呼吸の確認には10秒以上かけないようにする。

④胸骨圧迫：「強く」，「速く」，「絶え間なく」

CPRは胸骨圧迫から開始する。傷病者を仰臥位に寝かせて，救助者は傷病者の胸の横にひざまずく。圧迫部位は胸骨の下半部で（剣状突起に触れない），圧迫の深さは胸が約5cm沈む程度で6cmを超えないように脊柱に向かって垂直に押し下げる。圧迫のリズムは1分間あたり100〜120回のテンポで行う。

　　＊胸骨圧迫解除時の除圧について。胸骨圧迫のあとは，胸を完全に元の位置に戻すために，圧迫と圧迫の間に胸壁に力がかからないようにする。

⑤胸骨圧迫と人工呼吸

訓練を受けていない救助者は胸骨圧迫のみのCPRを行う（不整脈の直後には血中の酸素濃度が保たれており，胸骨圧迫のほうが人工呼吸よりも重要と考えられる）。人工呼吸の訓練を受けており，それを行う技術と意思がある場合は，胸骨圧迫と人工呼吸を30：2の割合で行う。人工呼吸を行う際には頭部後屈あご先挙上法で気道確保を行い，1回換気量の目安は傷病者の胸の上がりを確認できる程度とする。呼気吹込みは約1秒かけて行う。小児の心肺停止では，呼吸原生心停止の割合が多く，人工呼吸を組み合わせた心肺蘇生を行うことが望

ましい。

⑥ AED を用いた除細動

　突然の心停止は，心臓が細かく震えだす心室細動という不整脈によって生じることが多く，心臓を正常な動きに戻すためには電気ショック（除細動）が必要である。心室細動になった傷病者では，心停止から除細動までの時間が，救命の成否を決定する最も重要な因子となる。

　AED が到着したら，速やかに装着する。最初に電源ボタンを押し，音声メッセージに従って右前胸部と左側胸部に電極パッドを貼付する。心電図解析が開始されたら，傷病者に触れないようにする。音声メッセージに従って，ショックボタンを押し電位ショックを行い，その後はただちに胸骨圧迫を再開する。

　除細動に成功したあと，再び心停止の状態となり AED が必要になる場合もあるので，AED の電極パッドは剥がさず，電源も入れたままにしておく。

〔電極パッドを貼り付けるときの注意点〕

- ・胸部が濡れていたらタオルでふき取る。濡れていると電気が体表の水を伝わって流れてしまい電気ショックの効果が減少する。
- ・貼り薬などがあれば，取り除いてタオルなどで拭き取る。
- ・医療器具（心臓ペースメーカーなど）が埋め込まれていれば，そこを避けて電極パッドを貼り付ける。

〔AED の設置情報〕

　日本救急医療財団は，AED の設置登録を開始し，AED 設置者の同意のもとにホームページ上で公開している。

　「AED 設置場所検索」http://www.qqzaidan.jp/AED/aed.htm

第16章　救急蘇生法

引用・参考文献

第1章　スポーツ・健康の概念

桐生習作他．2007．「『IJF議事録』にみられるブルー柔道衣導入の背景」．身体運動文化学会第12回大会発表資料．

佐藤臣彦．1991．「体育とスポーツの概念的区分に関するカテゴリー論的考察」．『体育原理研究』第22号：32頁．

中村敏雄．1988．『スポーツの風土　第3版』．大修館書店．

沢井史穂．2006．『健康スポーツのすすめ──からだをメンテナンスする時代』．日本評論社．

第2章　現代人の生活と健康

クラウス，ハンス，ヴィルヘルム・ラープ．1977．『運動不足病──運動不足に起因する病気とその予防』．広田公一・石川旦共訳．ベースボールマガジン社．

労働政策研究・研修機構．「早わかり グラフでみる長期労働統計　図4　産業別就業者数」．2019年7月31日閲覧．https://www.jil.go.jp/kokunai/statistics/timeseries/html/g0204.html

厚生労働省．「健康日本21（身体活動・運動）」．2019年7月31日閲覧．https://www.mhlw.go.jp/www1/topics/kenko21_11/b2.html#A23

健康・栄養情報研究会．1999．『第六次改定 日本人の栄養所要量──食事摂取基準』．第一出版．

厚生労働省．2013．「健康づくりのための身体活動基準2013」．

厚生労働省．「令和3年（2021）人口動態統計」．

厚生労働省．「令和3年簡易生命表の概況」．

厚生労働省．「令和3年人口動態月報年計（概数）」

　　以上，厚生労働省ホームページより．2022年11月1日閲覧．https://www.mhlw.go.jp/index.html

スポーツ庁．「スポーツ基本計画」．2022年11月1日閲覧．https://www.mext.go.jp/sports/index.htm

沢井史穂．2006．『健康スポーツのすすめ──からだをメンテナンスする時代』．日本評論社．

田口貞義，山地啓司編著．1998．『若い時に知っておきたい運動・健康とからだの秘密』．近代科学社．

第3章　スポーツの文化とその歴史

青柳まちこ．1984．『「遊び」の文化人類学』．講談社．

浅見敏雄，宮下充正，渡辺融編．1984．『現代体育・スポーツ大系　第2巻　体育スポーツの歴史』．講談社．

浅見敏雄，宮下充正，渡辺融編．1984．『現代体育・スポーツ大系　第3巻　現代社会とスポーツ』．講談社．

浅見敏雄，宮下充正，渡辺融編．1984．『現代体育・スポーツ大系　第6巻　総合競技会オリンピック』．講談社．

阿部生雄．2009．『近代スポーツマンシップの誕生と成長』．筑波大学出版会．

新井博，榊原浩晃編著．2012．『スポーツの歴史と文化』．道和書院．

アリストテレス．1961．『政治学』．山本光雄訳．岩波文庫．

市川浩，山口昌男編．1985．『身体論とパフォーマンス』（別冊国文学 第25号 知の最前線）．學燈社．

稲垣正浩，谷釜了正編著．1995．『スポーツ史講義』．大修館書店．

今村嘉雄．1989．『修訂十九世紀に於ける日本体育の研究』．第一書房．

今村嘉雄．1970．『日本体育史』．不昧堂出版．

江田昌佑監修．二杉茂，前林清和他編．1996．『スポーツ学の視点』．昭和堂．

ノルベルト，エリアス，ダニング・エリック．1995．『スポーツと文明化──興奮の探求』．大平章訳．法政大学出版局．

ノルベルト，エリアス．1986．「スポーツと暴力」桑田禮彰訳．栗原彬他編．『叢書 社会と社会学 3 身体の政治技術』．新評論．

大林太良，伊藤貞夫他．1991．『スポーツ』（東京大学公開講座 4）．東京大学出版会．

小田切毅一．1982．『アメリカスポーツの文化史』．不昧堂出版．

金芳保之編．1991．『生活スポーツの科学』．大修館書店．

カント．1971．『教育学講義 他』（世界教育学選集60）．伊勢田耀子訳．明治図書出版．

菊本智之編著．前林清和，上谷聡子．2018．『スポーツの思想』．晃洋書房．

岸野雄三．1973．『体育史』．大修館書店．

岸野雄三編．1988．『体育史講義』．大修館書店．

岸野雄三．1984．『体育の文化史』．不昧堂出版．

木下秀明．1982．『兵式体操からみた軍と教育』．杏林書院．

木村毅．1981．『日本スポーツ文化史』．ベースボール・マガジン社．

グットマン，アレン．1997．『スポーツと帝国──近代スポーツと文化帝国主義』．谷川稔他訳．昭和堂．

グートマン，アレン．1981．『スポーツと現代アメリカ』．清水哲男訳．TBSブリタニカ．

坂上康博．2001．『スポーツと政治』．山川出版社．

サントリー不易流行研究所編．1992．『スポーツという文化』．TBSブリタニカ．

清水重勇．1986．『フランス近代体育史研究序説』．不昧堂出版．

清水正二．1987．『スポーツと政治──オリンピックとボイコット問題の視点』．ベースボール・マガジン社．

ジャンソン，H. W. 1990．『新版美術の歴史 第 1 巻』．美術出版社．

ルーカス，ジョン・A．ロナルド・A・スミス．1980．『現代アメリカスポーツ史』．片岡暁夫他訳．参陽社．

ロック，ジョン．1992．『教育に関する考察』．服部知文訳．岩波文庫．

ロック，ジョン．2011．『子どもの教育』．北本正章訳．原書房．

寒川恒夫，稲垣正浩，谷釜了正，野々宮徹．1991．『図説スポーツ史』．朝倉書店．

多木浩二．1995．『スポーツを考える──身体・資本・ナショナリズム』．筑摩書房．

田中浩．1994．『ホッブズ研究序説──近代国家論の誕生 改訂増補版』．御茶の水書房．

メイソン，トニー．1991．『英国スポーツの文化』．松村高夫，山内文明訳．同文舘出版．

中林信二．1987．『武道のすすめ』．中林信二先生遺作集刊行会．

成田十次郎．1977．『近代ドイツスポーツ史 I 学校・社会体育の成立過程』．不昧堂出版．

成田十次郎他編．1979．『体育・スポーツの歴史』．日本体育社．

ヤリウリス，ニコラオス．オット・シミチェック監修．1981．『古代オリンピック──その競技と文化』．成田十次郎・水田徹訳．講談社．

西山哲郎．2006．『近代スポーツ文化とはなにか』．世界思想社．

日本オリンピック委員会．1994．『近代オリンピック100年の歩み』．ベースボール・マガジン社．

日本スポーツ社会学会編．2012．「特集 政治とスポーツ」．『スポーツ社会学研究』第20巻 2 号．

野上毅編．1991．『朝日百科世界の歴史 第 1 巻』．朝日新聞社．

野上毅編．1991．『朝日百科世界の歴史 第 5 巻』．朝日新聞社．

マッキントッシュ，ピーター・C．1973．『近代イギリス体育史』．加藤橘夫・田中鎮雄訳．ベースボール・マガジン社．

マッキントッシュ，ピーター・C．1991．『現代社会とスポーツ』．寺島善一他訳．大修館書店．

広瀬一郎．2002．『スポーツマンシップを考える』．ベースボール・マガジン社．

オリボバ, ベラ. 1986.『古代のスポーツとゲーム』. 阿部生雄・高橋幸一訳. ベースボール・マガジン社.

ジレ, ベルナール. 1971.『スポーツの歴史』. 近藤等訳. 白水社.

松浪健四郎. 1991.『古代宗教とスポーツ文化』. ベースボール・マガジン社.

松本芳明, 野々宮徹, 高木勇夫編. 2003.『近代スポーツの超克――ニュースポーツ・身体・気』(スポーツ史叢書 1), 叢文社.

水野忠文他. 1986.『体育史概説――西洋・日本』. 杏林書院.

守能信次. 1985.『スポーツとルールの社会学』. 名古屋大学出版会.

ボス, ユリウス. 1988.『入門スポーツ史』. 稲垣正浩訳. 大修館書店.

第4章 レクリエーションとスポーツ

日本レクリエーション協会. 2011.『レクリエーション支援の基礎』.

スポーツ庁. 2020.「スポーツの実施状況等に関する世論調査」. 2022年11月 1 日閲覧. http://www.mext.go.jp

鈴木大地. 2017.「日本スポーツの 5 カ年計画がスタート (2017年月～ 2022年 3 月)」(スポーツ庁). 2022年11月 1 日閲覧. http://www.mext.go.jp

内閣府. 2021.「国民生活に関する世論調査」. 2022年11月 1 日閲覧. https://survey.gov-online.go.jp/index-ko.html

第5章 ストレスと運動

Blumenthal, J.A., R. S. Williams, A. Wallace, & T. L. Needels. 1982. "Psychological changes accompany aerobic exercise in healthy middle-aged adults." *Psychometric Medicine* 44 (6) : 529-536.

Friedman, M. & R. H. Roseman. 1959. "Association of specific overt behavior pattern with blood and cardiovascular findings." *JAMA* 169 (12) : 1286-1296.

Holmes, T. H. & R. H. Rahe. 1967. "The social readjustment rating scale." *Journal of Psychosomatic Resarch* 11 (2) : 213-218.

セリエ, ハンス. 1988.『現代社会とストレス』. 法政大学出版局.

Lewin, R. 1984. *Human Evolution: An Illustrated Introduction.* Blackwell.

文部科学省.「こころのケア各論」. 2019年 6 月20日閲覧. http://www.mext.go.jp/a_menu/shotou/clarinet/002/003/010/003.htm

McNair D. M., M. Lorr, L. F. Droppleman. 1971. *Manual for the profile of mood states. Educational and Industrial Testing Service.*

Morgan, W. P. 1985. "Selected psychological factors Limiting performance: A mental health model." In *Limiting Human Performance,* edited by D. H. Clarke & H. M. Eckert, 70-80. Human Kinetics Publishers.

日本人のストレス実態調査委員会編. 2003.『データブック NHK 現代日本人のストレス』. NHK 出版.

Raglin, J. S., & W. P. Morgan. 1987. "Influence of exercise and quiet rest on state anxiety and blood pressure." *Medicine & Science in Sports & Exercise* 19 no.5: 456-463.

Raglin J. S. 1993. "Overtraining and staleness-psychosomatic monitoring of endurance athletes." In *Handbook of Research on Sports Psychology,* edited by R. B. Singer, M. Murphy, L. K. Tennart, 840-850. Macmillan.

Spielberger, C.D., R. L. Gorsuch, R. E. Lushene. 1970. *STAI manual for the State-Trait Inventory.* Consulting Psychology Press.

スポーツサイエンスフォーラム編. 2008.『健康・スポーツ科学の基礎知識』. 道和書院.

竹中晃二編. 2004.『健康スポーツの心理学』. 大修館書店.

津田謹輔. 2003.『健康科学 知っておきたい予防医学』(京大人気講義シリーズ). 丸善.

津田真一郎. 2012.「快適自己ペースのウォーキング運動前後の気分プロフィール(POMS)の変化について」.『スポーツサイエンス 7』: 17-28頁.

竹宮隆, 下光輝一編. 2003.『運動とストレス科学(運動生理学シリーズ)』. 杏林書院.

ウイリアム・モーガン編. 1999.『身体活動とメンタルヘルス』. 竹中晃二・征矢英昭訳. 大修館書店.

Wilson, J. R. 2004. *50 Years of ACSM.* p.78.

横山和仁, 下光輝一, 野村忍編. 2012.『診断・指導に活かす POMS事例集』. 金子書房.

第6章 人体の構造と運動

石井直方総監修. Beachle, Thomas R., Roger W. Earle.2004.『ストレングストレーニング&コンディショニング 第2版』. ブックハウスHD.

沢井史穂. 2006.『健康スポーツのすすめ——からだをメンテナンスする時代』. 日本評論社.

第7章 筋肉の仕組みとエネルギー

石川隆監修. 2013.『カラー図解 生理学の基本がわかる事典』. 西東社.

Thompson & Floyd. 2001.『身体運動の機能解剖』. 中村千秋・竹内真希訳. 医道の日本社.

前場良太. 2004.『スポーツとトレーニングの生化学／まんがイラストでマスター 生化学ふしぎの世界の物語』. 医師薬出版.

大学スポーツ研究会編. 1993.『スポーツと健康』. 道和書院.

石井直方. 2001.『筋を鍛える 筋と筋力の科学2』. 山海堂.

石井直方総監修. Baechle, Thomas R., Roger W. Earle. 2002.『NSCA決定版 ストレングストレーニング&コンディショニング 第2版)』. ブックハウスHD.

McArdle, W. D., F. L. Katch, V. L. Kacht. 1986.『運動生理学』. 杏林書院.

池上晴夫. 1994.『運動処方の実際』. 大修館書店.

第8章 運動と栄養

厚生労働省.「日本人の食事摂取基準 2015年版」. 2019年7月1日閲覧. https://www.mhlw.go.jp/stf/seisakunitsuite/bunya/kenkou_iryou/kenkou/eiyou/syokuji_kijyun.html

厚生労働省.「日本人の食事摂取基準 2005年版」.

武藤芳照他. 2006.『水と健康ハンドブック』. 医事新報社.

清水依理子・田中照二・久保博隆編. 2004.『臨床栄養学概論』. 同文書院.

厚生労働省.「健康のため水を飲もう推進運動」. 2019年7月1日閲覧. https://www.mhlw.go.jp/stf/seisakunitsuite/bunya/topics/bukyoku/kenkou/suido/nomou/index.html# 4

武藤芳照他. 2006.『水と健康ハンドブック』. 医事新報社.

環境省.「熱中症環境保健マニュアル2018」. 2019年7月1日閲覧. http://www.wbgt.env.go.jp/heatillness_manual.php

Baechle, Thomas R., Roger W. Earle. 2002.『NSCA決定版 ストレングストレーニング&コンディショニング 第2版)』. ブックハウスHD.

第9章 生活習慣病と運動

厚生労働省. 生活習慣病予防のための健康情報サイト「e-ヘルスネット」「生活習慣病」. 2021年2月4日閲覧. https://www.e-healthnet.mhlw.go.jp/information/dictionary/metabolic/ym-040.html

旧厚生省. 報道発表資料「生活習慣に着目した疾病対策の基本的方向性について(意見具申)1996年

12月18日」. 2021年２月４日閲覧. https://www.mhlw.go.jp/www１/houdou/0812/1217-4.html
厚生労働省. 令和２年（2020）人口動態統計（確定数）の概況.「第６表　性別にみた死因順位（第10位まで）別死亡数・死亡率（人口10万対）・構成割合」. 2022年８月26日閲覧. https://www.mhlw.go.jp/toukei/saikin/hw/jinkou/kakutei20/index.html
小川・宮崎. 2015.「肥満と肥満症の診断基準」.『総合健診』42巻２号.
厚生労働省. 令和元年国民健康・栄養調査報告.「第17表の１ BMI の状況－年齢階級, 肥満度（BMI）別, 人数, 割合－総数・男性・女性, 15歳以上〔妊婦除外〕」. 2021年２月４日閲覧. https://www.mhlw.go.jp/stf/seisakunitsuite/bunya/kenkou_iryou/kenkou/eiyou/r１-houkoku_00002.html
佐藤・田村・中潟ら. 2021. "Prevalence and features of impaired glucose tolerance in young underweight Japanese women（日本人低体重若年女性の耐糖能障害（IGT）の割合と特徴）". *Journal of Clinical Endocrinology and Metabolism*, 2021.1.29. 2021年３月10日閲覧. https://academic.oup.com/jcem/advance-article-abstract/doi/10.1210/clinem/dgab052/6123735?redirectedFrom=fulltext
厚生労働省.「健康づくりのための身体活動基準2013」. 2021年２月25日閲覧. https://www.mhlw.go.jp/content/000306883.pdf
田中逸. 2013.『健診・健康管理専門職のための新セミナー生活習慣病』. 日本医事新報社.
水谷仁編. 2014.『ニュートン別冊　なぜ太る, そのしくみと発症する病気　肥満のサイエンス』. ニュートンプレス.

第10章　トレーニングの効果

健康・体力づくり事業財団. 2007.『健康運動実践指導者用テキスト』. 南江堂.
三村寛一編. 2002.『スポーツ生理学』. 嵯峨野書院.
朝山正己・彼末一之・三木健寿. 2002.『運動生理学』. 東京教学社.
NSCA ジャパン編. 2006.『ストレングス＆コンディショニングⅠ　理論編』. 大修館書店.
石井直方総監修. Baechle, Thomas R., Roger W. Earle. 2002.『NSCA 決定版　ストレングストレーニング＆コンディショニング　第２版』. ブックハウス HD.
マーティン, デビッド, ピーター・コー. 2001.『中長距離ランナーの科学的トレーニング』. 大修館書店.
芳賀脩光・大野秀樹編. 2003.『トレーニング生理学』. 杏林書院.
佐藤義昭・石井直方・中島敏明・安部孝. 2007.『加圧トレーニングの理論と実践』. 講談社.
佐藤義昭. 2004.『加圧トレーニングの奇跡』. 講談社.
横浜市スポーツ医科学センター編. 2007.『図解　スポーツトレーニングの基礎理論』. 西東社.
小林敬和監修. フューチャー・アスレティックス研究会編. 2007.『スポーツ選手のためのからだづくりの基礎知識』. 山海堂.

第11章　ストレッチング

日本体育協会. 2002.『アスレティックトレーナーテキストⅠ』.
鈴木重行. 1999.『ID ストレッチング』. 三輪書店.
アンダーソン, ボブ. 2002.『ストレッチング』. ナップ.

第12章　ウォーキングとジョギング

健康・体力づくり事業財団. 2007.『健康運動実践指導者用テキスト』. 南江堂.
NSCA ジャパン. 2006.『ストレングス＆コンディショニングⅠ　理論編』. 大修館書店.

第13章　レジスタンストレーニング

大学スポーツ教育研究会編. 1993.『スポーツと健康』. 道和書院.

Thompson & Floyd. 2001.『身体運動の機能解剖』. 中村千秋・竹内真希訳. 医道の日本社.

石井直方総監修. Baechle, Thomas R., Roger W. Earle. 2002.『NSCA 決定版 ストレングストレーニング＆コンディショニング 第2版)』. ブックハウス HD.

第14章 水泳

ベイツ，アンドレア，ノーム・ハンソン. 2000.『アクアテックリハビリテーション』山本利治，日暮清訳. NAP.

大久保衛編著. 2007.『中高年の運動実践ハンドブック——指導者のための基礎知識』. 昭和堂.

健康・体力づくり事業財団. 2007.『健康運動実践指導者用テキスト——健康運動指導の手引き 改定増補第3版』. 南江堂.

日本水泳連盟編. 2005.『水泳コーチ教本 第2版』. 大修館書店.

Pugh, L. G. C., and O. G. Edholm. 1955. "The physiology of channel swimmers." *Lancet 2*, pp.761-768.

沢井史穂. 2006.『健康スポーツのすすめ——からだをメンテナンスする時代』. 日本評論社.

日本放送出版協会編.『NHK きょうの健康』. 1995年7月号. 日本放送協会.

宮下充正他. 1971.『図説水泳辞典』. 講談社.

児玉和夫，覚張秀樹. 1992.『発達障害児の水泳療法と指導の実際』. 医歯薬出版.

第15章 スポーツ障害の予防

臨床スポーツ医学編集委員会編. 1998.「スポーツ現場における救急・応急処置のポイント——その手技の実際とコツ」(臨床スポーツ医学 v.15臨時増刊号). 文光堂.

日本赤十字社. 2019.『救急法講習 14版』. 株式会社日赤サービス.

日本整形外科学会.「症状・病気をしらべる 肉離れ」. 2019年8月1日閲覧. https://www.joa.or.jp/public/sick/condition/pulled_muscle.html

Lee-Chiong, T. L.Jr., J. T. Stitt. 1995. "Disorders of temperature regulation." *Compr Ther* 21 (12), 697-704.

Kushimoto, S, S. Yamanouchi, T. Endo, et al. 2014. "Body temperature abnormalities in non-neurolcgical critically ill patients: areview of the literature." *Journal of Intensive Care* 2 (1), p. 14.

三宅康史. 2012.「熱中症の病態生理——体温調節から多臓器不全，DIC まで」.『日本医師会雑誌』141 (2)：269-273頁.

日本救急医学会編. 2011.『熱中症——日本を襲う熱波の恐怖』. へるす出版.

安岡正藏，有賀徹，豊田泉他. 2003.「熱中症Ⅲ度症候群——重症熱中症の診断基準」.『日本神経救急学会雑誌』16 (1)：5-9頁.

安岡正藏，赤居正美，有賀徹他. 1999.「熱中症（暑熱障害）Ⅰ～Ⅲ度分類の提案——熱中症新分類の臨床的意義」.『救急医学』23 (9)：1119-1123頁.

日本スポーツ協会. 2019.「スポーツ活動中の熱中症予防5ヶ条」.『スポーツ活動中の熱中症予防のガイドブック』, 11-15頁.

第16章 救急蘇生法

日本赤十字社. 2016.『救急法基礎講習 5版』. 株式会社日赤サービス.

喜熨斗智也，田中秀治他. 2015.「マラソン大会におけるランナーの傷病傾向に関する分析」. *The Annual reports of health, physical, education and sportscience*, Vol. 34, pp. 83-88.

日本蘇生協議会. 2015.『JRC 蘇生ガイドライン2015』. 医学書院.

編者

スポーツサイエンスフォーラム

著者（執筆分担）

二杉 茂（神戸学院大学名誉教授）　　　　　　　　　　　　第1章

西脇 満（神戸学院大学共通教育センター教授）　　　　　　第2，4，6，8章

菊本智之（常葉大学健康プロデュース学部教授）　　　　　　第3章

津田真一郎（神戸学院大学共通教育センター教授）　　　　　第5，14章

小林義樹（株式会社 Enjoydream Holdings 代表取締役）　　第7，11，13章

上谷聡子（神戸学院大学共通教育センター准教授）　　　　　第9，10，12章

灘 英世（関西大学人間健康学部教授）　　　　　　　　　　第15，16章

健康・スポーツ科学の基礎知識　第4版

2023年（令和5年）3月1日　初版第1刷発行

編　者＝スポーツサイエンスフォーラム
著　者＝二杉茂，西脇満，菊本智之，津田真一郎，小林義樹，
　　　　上谷聡子，灘英世
発行者＝片桐文子
発行所＝株式会社 道和書院
　　　　東京都小金井市前原町2-12-13（〒184-0013）
　　　　電話 042-316-7866
　　　　FAX 042-382-7279
　　　　http://www.douwashoin.com/
装　幀＝高木達樹
印　刷＝大盛印刷株式会社

ISBN 978-4-8105-2143-6 C3075　　　　　Printed in Japan
定価はカバー等に表示してあります　　　Douwashoin Co.,Ltd